轻松玩转短视频
——新媒体营销与运营实战

陈萍　严芷玥　编著

内容提要

本书主要面向新媒体运营人员和短视频行业爱好者，以及网红大咖和有兴趣从事短视频行业的创业者，讲述了短视频平台建号—运营—变现的全过程。

作者结合多年的短视频电商教学与实战经验，总结了以短视频为主的新电商运营中的引流和变现技巧。全书内容层层深入，包含了基本注册、账号定位、拍摄技巧、剪辑制作、文案策划、吸粉涨粉、盈利模式、运营规则、商业变现、案例分析等内容。本书可帮助广大短视频行业爱好者、商业小白迅速学习和掌握短视频从入门到变现的全流程技能。

本书结合短视频行业的特点，采用了大量思维导图、数字图表、实战案例，以科学严谨的逻辑思维，通俗易懂的讲解，明白如话的叙述，让广大短视频爱好者轻松愉悦地玩转短视频。

图书在版编目（CIP）数据

轻松玩转短视频：新媒体营销与运营实战 / 陈萍，严芷玥编著. -- 北京：中国水利水电出版社，2020.8
 ISBN 978-7-5170-8790-8

Ⅰ. ①轻… Ⅱ. ①陈… ②严… Ⅲ. ①网络营销 Ⅳ. ①F713.365.2

中国版本图书馆CIP数据核字(2020)第154094号

策划编辑：石永峰　　责任编辑：石永峰　　封面设计：梁 燕	
书　名	轻松玩转短视频——新媒体营销与运营实战 QINGSONG WANZHUAN DUANSHIPIN——XIN MEITI YINGXIAO YU YUNYING SHIZHAN
作　者	陈萍　严芷玥　编著
出版发行	中国水利水电出版社 （北京市海淀区玉渊潭南路1号D座 100038） 网址：www.waterpub.com.cn E-mail: mchannel@263.net（万水） 　　　　sales@waterpub.com.cn 电话：（010）68367658（营销中心）、82562819（万水）
经　售	全国各地新华书店和相关出版物销售网点
排　版	北京万水电子信息有限公司
印　刷	天津联城印刷有限公司
规　格	170mm×240mm　16开本　15.5印张　307千字
版　次	2020年8月第1版　2020年8月第1次印刷
印　数	0001—4000册
定　价	59.80元

凡购买我社图书，如有缺页、倒页、脱页的，本社营销中心负责调换
版权所有·侵权必究

序

一只风口的猪引发的思考

现在是短视频行业风口爆发期，各大短视频平台风起云涌，逐浪追新。明星大咖、书记市长、企业总裁、平民百姓纷纷涌进直播间，带货、代言、吸粉、引流，你方唱罢我登场。短视频培训、网红直播基地，吆喝声此起彼伏，韭菜割了一茬又一茬。直播神话一次次被刷新，如直播间"卖火箭"、一场直播带货 N 个亿、一场 PK 赚几百万音浪……可谓是百花齐放，百家争鸣，魏紫姚黄，各领风骚。

"站在风口，猪都会飞起来。"风口是机遇、是趋势，但风口不是永远的，它有周期性。如果我们抓住风口的机遇，则可以凭借风力一飞冲天。如果我们完全依靠风口红利，那么风停了的时候，猪也会落下来，甚至会飞得越高，摔得越重。我们需要短视频行业的风口和机遇，但更需要在风口中从传统之"猪"变成带翅膀的"飞猪"，自身的完善和强大才是真正的王道。

水太深，风太大，没有实力少说话。短视频市场真正的痛点在哪里？短视频运营的焦点在哪里？自身内容作品的亮点在哪里？短视频市场营销的兴奋爆发点又在哪里？站在短视频行业的风口，这些都需要我们冷静客观地进行思考。

面对各短视频平台不断升级迭代的运营规则和推荐机制，主播在直播实操中出现的各种各样的问题，基于我们在短视频行业长期摸爬滚打总结出的经验与教训，本书作者认真而又细致地编写了《轻松玩转短视频——新媒体营销与运营实战》一书。该书从如何注册第一个短视频账号开始，包含了从账号定位设计到短视频的拍摄技巧、短视频剪辑制作工具、短视频的文案写作、发布短视频内容作品、如何吸粉与变现、平台运营规则等全流程的内容，一站式解决相关从业人员的工作流程问题。

序

一只风口的猪引发的思考

短视频行业的春天刚刚到来，短视频行业的风口刚刚开始。一切所谓的技能技巧都是"术"，短视频行业真正的竞争最终取决于内容作品的真实输出，是为"道"。道为术之纲，术为道之长，唯有相辅相成，方能成就一番事业。

本书编者团队请我帮他们写两句，遵嘱为序。祝愿团队的小伙伴们通过自身的努力与研究，预见短视频行业的趋势与方向。也祝愿所有读到此书的朋友们，通过对该短视频课程的系统学习，可眼观六路、耳听八方，看见未来的星辰与大海。

严长明

2020 年 6 月 1 日

随着科学技术和移动互联网的发展,全民手机娱乐时代到来。2020年的隔离经济让短视频成了大众的焦点。抖音、快手、B站、西瓜、小红书等多家短视频平台吸引了各行各业的人才入驻。传统电商的流量逐渐分流到短视频平台上,短视频变现已经成为了现实,从中也成就了无数网红。

本书针对目前新媒体电商运营及市场对短视频功能、技巧、运营规则的应用进行编写,通过具体实例的应用阐述短视频制作的过程,培养21世纪短视频制作的应用型人才。本书要实现的目标是使学习者不仅掌握短视频的基础知识,还要掌握各种平台的运营规则,为相关行业的创业者或从事短视频行业的人员提供帮助。

一、本书结构

本书以商业实战案例的形式组织内容,通过具体的操作流程、项目实现、详细的图解,使学习者实现从零基础到大咖级别的转变。

本书讲解知识由浅入深、循序渐进,理论与实战紧密结合,让学习者不但能够很快入门,而且可以达到较高的水平。本书可以让老师得心应手地教学,也便于学生自学,因此适合作为高等院校的教材,也可以作为短视频爱好者的实战宝典。

本书由长期从事高校电商教学的教授、电商企业运营总监及短视频深度研究学者共同撰写。他们经验丰富,采用实例带动知识点的方式编写,使短视频小白能够快速掌握相应技巧,很快注册、应用相关短视频平台。

本书共分9章,相关内容如下:

第1章 好的开始——注册我的第一个短视频账号。本章详解短视频的注册，上传短视频作品，研究对标账号内容，讲解短视频平台账号如何运营"养号"。

第2章 做好定位——想好自己要做什么。本章分析了目前短视频平台创作内容的不同类型及其优势，推荐创业者选择自己擅长的领域，在激烈的竞争中展示自己的特色，精准定位粉丝群体；使学习者了解高度垂直化定位的作用和意义，从而精准定位，实现内容作品输出，让粉丝大众喜爱。

第3章 拍出靓片——短视频拍摄技巧。本章介绍短视频拍摄技巧，了解色彩的含义及应用的场景；学习拍摄时的构图方法和构图应用；掌握视频APP、创意拍摄、录屏拍摄、运镜技巧、布光展现等综合操作。

第4章 助力神器——常用短视频剪辑制作工具。本章介绍常用短视频剪辑制作工具，内容包括剪映制作实例示范、剪影工具使用、短视频剪辑、Premiere Pro CC 2019 的设计与制作。

第5章 吸睛之笔——实用文案与策划。本章内容包括热点文案策划、一句式攻心文案创作技巧、制造话题引发作品讨论、策划文案巧用名人效应、分析竞品报告、脚本分镜案例展示，通过学习与实践，学习者可创作出适合自己账号特色的文案，从而增加流量、吸引粉丝。

第6章 借机发挥——巧妙发布短视频。通过本章的学习，学习者可以掌握@官方小助手、@热点话题、热门音乐等实现短视频内容作品更好呈现，添加位置引发同城关注，根据粉丝大众特点，合理选择发布时间，获得更多流量。发布的同时保存本地视频，利用短视频重复发布叠加粉丝量，形成爆款。

第7章 高效涨粉——吸引粉丝有妙招。本章内容包括巧用矩阵运营、提高点赞率和评论率、提高转发率与完播率、让彩蛋福利吸粉涨粉、热点造势圈粉、在各大平台巧妙植入二维码、利用微信及 QQ 吸粉。

第 8 章 掘金行动——九大营利模式变现。本章内容包括开通直播、开通商品橱窗、开通购物车功能、知识付费、音浪赚取、企业号展示、短视频贴片广告、巧妙植入商品信息、电商店铺共享链接。

第 9 章 防封防盗——短视频平台运营规则。本章内容包括如何避免被封号、降权、限流、盗号。如何避免忽视数据分析、运营渠道单一，如何运营短视频内容作品，如何利用规则避免进入雷区，最终成功运营自己的短视频账号。

二、本书特点

本书通过同时运用视频、图像、文字等方法，以企业短视频运营的实践案例示范和详解，体现了本书元素的多样性，并以此促进读者对学习内容的理解及掌握。

本书强调直观描述，强调全书的可读性、形象性、实用性及可操作性，注重对学习者应用意识、兴趣、能力的培养。

本书图文并茂、浅显易懂，各种实操步骤详细，可使初学者很快学会应用短视频的制作技巧，掌握各类短视频平台的运营规则及相关功能。书中介绍的各类引流方法可方便运营者用好短视频并吸引粉丝大众达到商务运营的效果。

本书由陈萍、严芷玥编著，其他参编人员有孟彧、王青昊、沈甸、房春琴。

为方便教学使用，本书部分图片源于互联网，因无法联系到原作者，如有冒犯，请与作者联系：1322886749@qq.com。

由于编者水平有限，不妥之处在所难免，敬请广大读者批评指正。

编　者

2020 年 6 月

目录

序

前言

第1章　好的开始
——注册我的第一个短视频账号⋯ 001

1.1 开启短视频新模式 ⋯⋯⋯⋯⋯ 002
1.2 注册短视频 APP 账号 ⋯⋯⋯ 009
1.3 个性头像 ⋯⋯⋯⋯⋯⋯⋯⋯ 011
1.4 签名设计（个人简介设置）⋯ 012
1.5 账号安全 ⋯⋯⋯⋯⋯⋯⋯⋯ 013
1.6 实名认证 ⋯⋯⋯⋯⋯⋯⋯⋯ 015
1.7 熟悉抖音的基本功能 ⋯⋯⋯ 015
1.8 了解用户协议 ⋯⋯⋯⋯⋯⋯ 016
1.9 设置我的主页 ⋯⋯⋯⋯⋯⋯ 018
1.10 如何理解短视频"养号" ⋯⋯ 019

第2章　做好定位
——想好自己要做什么⋯⋯⋯⋯ 021

2.1 选择自己擅长领域 ⋯⋯⋯⋯ 022
2.2 精准定位粉丝群体 ⋯⋯⋯⋯ 038
2.3 高度垂直化定位 ⋯⋯⋯⋯⋯ 047

第3章　拍出靓片
——短视频拍摄技巧⋯⋯⋯⋯⋯ 051

3.1 色彩的应用 ⋯⋯⋯⋯⋯⋯⋯ 052
3.2 构图方法 ⋯⋯⋯⋯⋯⋯⋯⋯ 058
3.3 巧借他物 ⋯⋯⋯⋯⋯⋯⋯⋯ 065
3.4 使用滤镜 ⋯⋯⋯⋯⋯⋯⋯⋯ 065
3.5 短视频制作 APP ⋯⋯⋯⋯⋯ 066
3.6 创意拍摄 ⋯⋯⋯⋯⋯⋯⋯⋯ 071
3.7 录屏拍摄 ⋯⋯⋯⋯⋯⋯⋯⋯ 071
3.8 运镜技巧 ⋯⋯⋯⋯⋯⋯⋯⋯ 073
3.9 布光展现 ⋯⋯⋯⋯⋯⋯⋯⋯ 074

第4章　助力神器
——常用短视频剪辑制作工具⋯⋯ 077

4.1 剪映工具制作实例示范 ⋯⋯ 078
4.2 逗拍工具制作实例示范 ⋯⋯ 085
4.3 剪影工具制作实例示范 ⋯⋯ 090
4.4 快剪辑工具制作实例示范 ⋯ 095
4.5 Adobe Premiere 制作实例示范 098

第 5 章　吸睛之笔
——实用文案与策划……………… 119

- 5.1 热点文案策划 …………………… 120
- 5.2 策划一句式攻心文案 …………… 129
- 5.3 制造话题引发作品讨论 ………… 139
- 5.4 巧用名人效应策划文案 ………… 146
- 5.5 竞品分析报告 …………………… 153
- 5.6 短视频账号类型 ………………… 158
- 5.7 脚本分镜案例展示 ……………… 162

第 6 章　借机发挥
——巧妙发布短视频……………… 166

- 6.1 让文字标题给作品锦上添花 …… 167
- 6.2 巧妙 @ 官方小助手 ……………… 168
- 6.3 巧妙 @ 热点话题 ………………… 168
- 6.4 巧妙发起话题 …………………… 169
- 6.5 让热门音乐为短视频添光增彩 … 170
- 6.6 添加位置引发同城关注 ………… 173
- 6.7 巧用发布时间效果更好 ………… 174
- 6.8 发布同时本地保存视频 ………… 178

第 7 章　高效涨粉
——吸引粉丝有妙招……………… 179

- 7.1 巧用矩阵推广运营 ……………… 180
- 7.2 提高点赞率与评论率 …………… 185
- 7.3 提高转发率与完播率 …………… 190
- 7.4 让彩蛋福利吸粉涨粉 …………… 193
- 7.5 热点造势涨粉 …………………… 193
- 7.6 话题讨论吸粉 …………………… 194
- 7.7 各大平台巧妙植入二维码 ……… 194
- 7.8 利用微信及 QQ 为短视频吸粉 … 194

第 8 章　掘金行动
——九大营利模式变现…………… 195

- 8.1 开通直播 ………………………… 196
- 8.2 开通商品橱窗 …………………… 207
- 8.3 开通购物车功能 ………………… 209
- 8.4 知识付费 ………………………… 209
- 8.5 音浪赚取 ………………………… 211
- 8.6 企业号展示 ……………………… 213
- 8.7 短视频贴片广告 ………………… 214
- 8.8 巧妙植入商品信息 ……………… 216
- 8.9 电商店铺共享链接 ……………… 217

第 9 章　防封防盗
——短视频平台运营规则………… 221

- 9.1 避免被降权、封号 ……………… 222
- 9.2 避免账号被盗号和成为僵尸号 … 226
- 9.3 避免不重视数据分析 …………… 229
- 9.4 避免运营渠道单一 ……………… 231
- 9.5 避免冷落热点话题 ……………… 234
- 9.6 避免不重视粉丝大众的反馈意见 235
- 9.7 避免出现低质量的泛粉 ………… 236

第1章

好的开始
——注册我的第一个短视频账号

在当下互联网科技高速发展的时代，人们的工作、生活、娱乐形式呈现多样化的特点，许多人不再留恋简单互联网PC端线上的满足。5G通信网络科技的发展、短视频各大平台的出现，既满足了人们对工作、生活、娱乐的高频率、快节奏、碎片化的需求，又使各种信息以新颖、奇特、稳定的短视频形式输出，让短视频运营者和粉丝大众在生活和工作之余有了更多的互动和交流的方式，拓展了新的商业空间和营销闭环，为新商业的工作生活场景化融合开拓了更大的空间。

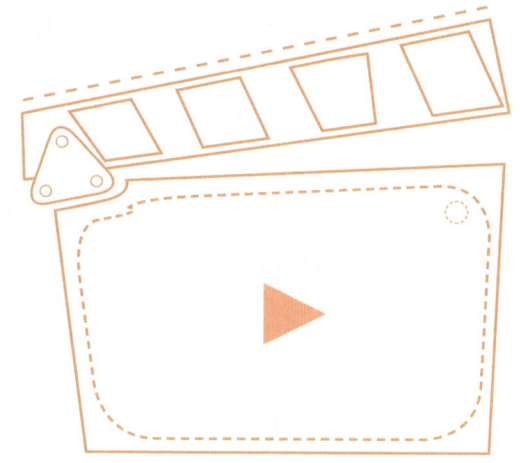

1.1 开启短视频新模式

短视频的兴起与发展不同于传统的微电影和直播。短视频制作不需要像微电影那样具有特定的表达形式和专业编导团队配置要求。相对于传统的微电影和在线直播，短视频具有生产流程简单、剪辑制作门槛低、粉丝互动参与性较强等特点，同时又比传统媒体直播平台更具有亲民融合传播价值。短视频超短的制作周期和幽默、搞笑、趣味化的内容，对短视频运营者制作团队的文案以及编导策划功底有着一定的挑战和创新要求。优秀的短视频运营者通常依托于传统的自媒体人或网络IP账号，除了垂直定位相对高频稳定的短视频内容输出外，也有在各大短视频平台相对独立的强大的粉丝大众的支持。短视频及短视频各大平台的出现，既丰富了新媒体、融媒体原有广告的表现形式和内容，同时又蕴含着各个领域、层次的不同文化背景与属性，为传统文化与新生知识的传播与交流架起了一座跨时空互动的桥梁。

目前各大短视频平台、各种短视频APP深受不同年龄段的粉丝大众尤其是年轻人的喜爱，当下占据市场份额较高的短视频平台如下所述。

▶ 抖音

抖音短视频 APP（简称抖音 APP）的安装界面和运行界面分别如图 1-1 和图 1-2 所示。

图 1-1

图 1-2

抖音 APP 是一款帮助普通大众表达自我、记录美好生活的短视频分享平台。普通大众可以通过智能手机或相对专业的摄影摄像设备拍摄短视频素材，运用剪映 APP 内各类特效、贴纸、滤镜功能给短视频内容增添色彩和展现效果，吸引更多粉丝大众访问相关短视频平台账号。

软件特色：

1）超 in 音乐。全网最火最嗨的音乐这里都有，拥有偌大的自然版权音乐库，满足短视频爱好者的需求。

2）只有你想不到的，没有抖音做不到的。多段短视频内容混剪，令你脑洞大开，创意之上，全场主角就是你。

3）美颜滤镜。拥有全网领先的美颜功能，更有多种特效滤镜功能，使短视频运营者制作的内容作品充满活力。

▶ 快手

快手 APP 的安装界面和运行界面分别如图 1-3 和图 1-4 所示。

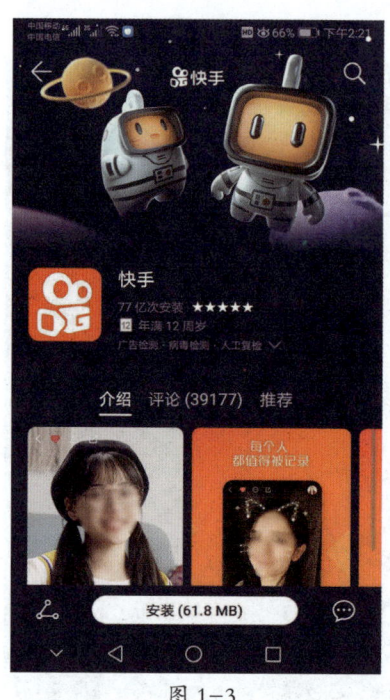

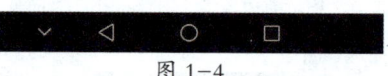

图 1-3　　　　　　　　　图 1-4

快手是全球 7 亿用户都爱用的短视频 APP 平台。快手是最火爆的短视频社区移动应用 APP 之一，这里有最新、最火、最好玩的爆笑短视频，最具才艺的民间草根主播。快手 APP 让你笑声不断。移动端手机版快手 APP 汇集了众多的少男少女，他们各显才艺，总有一款是你心仪的。超好玩、好笑、最火、最 in，尽在快手 APP。快手记录世界，也记录你。

软件特色：

1）快手视频剪辑，逐帧编辑功能让运营者在制作短视频内容时更自由更具创造力。

2）精确定位地理位置，及时准确了解周边发生的各种有趣、美好的事情。

3）拥有 30+ 滤镜，另附美颜美妆功能，使短视频内容制作效果瞬间劲爆，更有超级大片模板及电影滤镜让你过足导演瘾。

▶ 火山

抖音火山版APP（简称火山APP）的安装界面和运行界面分别如图1-5和图1-6所示。

图 1-5

图 1-6

火山APP是一款15s原创生活在线视频社区，隶属今日头条。火山APP内为用户提供大量有趣、好玩、有梗、有料的短视频信息。用户可以通过该软件轻松获取短视频内容进行交流，展示自我才艺和价值，获得粉丝大众关注，发现相同属性粉丝群友。它是一款火爆的短视频平台软件，也是重要的短视频直播社交平台之一。

软件特色：

1）实时传递高清画面，感受电影大片的清晰度。

2）随时、随地、随心直播，更有短视频美颜、滤镜助阵，与粉丝大众嗨不停。

3）独特的大数据算法和运行规则，可根据用户的点赞、评论、转发、完播率去分析粉丝大众感兴趣的内容与话题。

▶ 哔哩哔哩

哔哩哔哩 APP 的安装界面和运行界面分别如图 1-7 和图 1-8 所示。

图 1-7

图 1-8

　　哔哩哔哩是当前极具知名度的弹幕网站，有 1.7 亿左右的注册用户，用户主要集中在 95 后和 00 后青少年群体。网站中的许多视频是来自 NICONICO、YouTube 等视频分享网站，还有些则是漫友自创的二次元视频。网站内详细地将视频分为动画、番剧、音乐、舞蹈、游戏、科技、娱乐、鬼畜、电影、电视剧等 10 个主要版块。

软件特色：

　　1）用户之间通过"关注"和"收藏"建立单向的联系。UP 主通过专业化和个性化的创作来吸引相对应的粉丝大众。

　　2）网站优质的高强度弹幕功能，使观众能随时通过视频画面与 UP 主进行互动与交流。

▶ 斗鱼

斗鱼直播APP（简称斗鱼APP）的安装界面和运行界面分别如图1-9和图1-10所示。

图1-9

图1-10

斗鱼视频网是斗鱼平台下以游戏短视频为主的综合视频网站，提供各种形式的最新、最火、最热的游戏和直播录像。随着电竞赛事的逐渐崛起，视频直播行业也进入了春天。斗鱼APP注重UGC模式，通过一些流量明星引流进入斗鱼APP内。

软件特色：

1）以斗鱼视频平台为核心的PGC内容体系。随着用户对优质内容需求的提升，以及短视频行业竞争的加剧与娱乐直播行业马太效应的日益显著，短视频头部平台在具备流量及商业资源优势的情况下，行业话语权将进一步明显加强。

2）斗鱼视频平台内有很多与娱乐、生活相关的主播，很多职业选手也在这里。

▶ 小红书

小红书 APP 的安装界面和运行界面分别如图 1-11 和图 1-12 所示。

图 1-11　　　　　　　　图 1-12

小红书是一个生活方式平台和消费决策入口。在小红书社区，用户通过文字、图片、视频笔记的分享，记录了这个时代年轻人的正能量和美好生活。

软件特色：

1）大部分互联网社区更多是依靠线上的虚拟身份，而小红书用户发布的内容都来自真实生活。一个进行分享的用户必须具备丰富的生活和消费经验，才能有短视频内容在小红书分享，继而吸引更多的粉丝大众关注。

2）一般 APP 用户在线上消费内容，体验也在线上结束。而小红书被称为"三次元社区"，这是因为其用户无论在小红书上是看了美食还是旅行目的地，都必须回到现实生活中去进行消费，才能完成这个体验。

3）真实购买产品的用户口碑可作为提高口碑转化率的法宝。小红书上的视频就像一个真实用户的口碑分享区。

1.2 注册短视频 APP 账号

下面以抖音为例,讲解如何注册短视频平台账号。根据以下操作步骤,实现注册第一个短视频平台账号。

▶ 1.2.1 下载安装抖音

在手机上下载安装抖音 APP。在苹果手机中直接点击 App Store,搜索"抖音"并点击"安装"即可。在安卓手机应用软件中心搜索"抖音"并点击"安装"即可,如图 1-13 所示。

图 1-13

▶ 1.2.2 注册账号

安装好抖音 APP 后,点击手机界面的抖音图标 就可以使用了。在抖音 APP 界面,直接向上或向下滑动即可观看视频,要想实现更多功能就需要进行账号的注册。注册账号步骤如下所述。

步骤1 进入抖音APP的登录界面，先看"用户协议"及"隐私政策"，看完后选中"我已阅读并同意……"文字前的单选按钮。在登录界面用户可以选择手机验证或其他登陆方式，比如QQ账号、微信账号、今日头条、微博等，这里推荐选择手机号登录。在绑定手机号栏选择"本机号码一键登录"或者"其他手机号码登录"，如图1-14所示。（此处选择"本机号码一键登录"注册方式）

步骤2

（1）进入"完善资料"界面，设置一个自己喜欢的有个性的"昵称"，如图1-15所示。

图1-14　　　　　　　　图1-15

（2）设置"出生日期"和"性别"，如图1-16和图1-17所示。

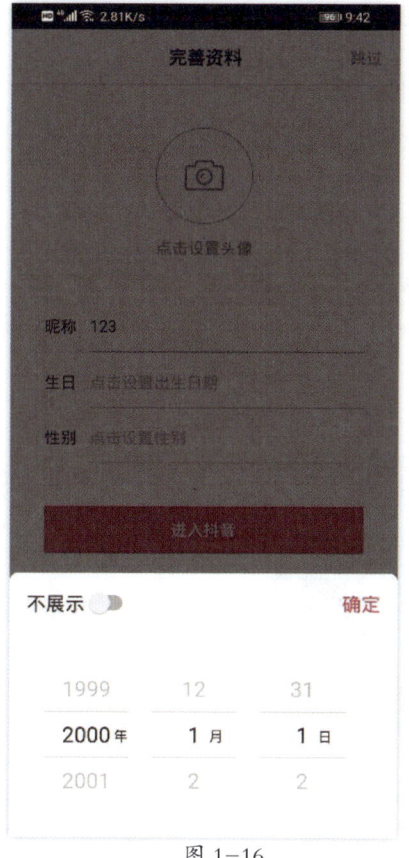
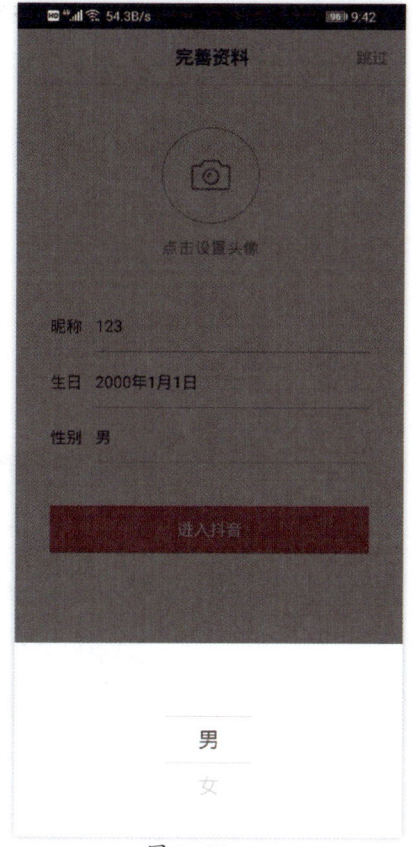

图 1-16　　　　　　　　图 1-17

1.3 个性头像

登录前的最后一步是设置"头像"。点击设置头像区域设置一个自己喜欢的头像，或者设计一个有特点、图像清晰与账号主体内容相垂直的头像，目的是提高关注度，让短视频账号头像深入人心，清晰传达本账号的内容理念，拉近短视频运营者与粉丝大众之间的距离，如图 1-18 所示。

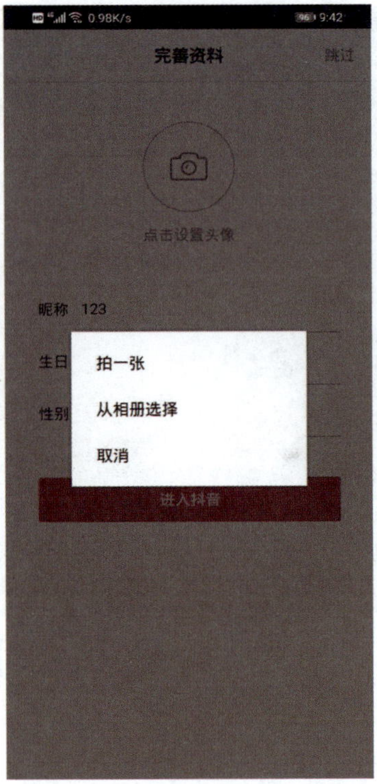

图 1-18

1.4 签名设计（个人简介设置）

独特的个性化签名能为短视频运营者吸引更多的粉丝。比如，"生活，就是生下来，活下去""创业要找适合的人，不一定要找最成功的人"。好的个性签名，简单好记，与内容垂直相关联。短视频平台账号的名称通常为中文文字，也可以使用其他方式作为个性化名称，但一般不提倡。

步骤 1 在抖音首页点击右下方的"我"打开个人主页，如图 1-19 所示。
步骤 2 进入个人主页后，点击中间位置的"你还没有填写个人简介，点击添加…" 字样进入个人简介设置页面，输入个人简介后点击右上角的"保存"就完成了注册，如图 1-20 和图 1-21 所示。

图 1-19　　　　　图 1-20　　　　　图 1-21

1.5 账号安全

完成短视频平台账号基本资料的填写后，就要进行最为重要的短视频平台账号安全设置。建议密码采用"数字 + 字母大小写"的形式，不要用个人生日或门牌号码等容易猜想出来的信息资料填写。

步骤 1　点击个人主页右上角的个人菜单栏，如图 1-22 所示。
步骤 2　点击"设置"进入"设置"界面，如图 1-23 所示。
步骤 3　在弹出的"设置"界面中点击"账号与安全"，如图 1-24 所示。
步骤 4　在弹出的"账号与安全"界面中找到"抖音密码"，点击进入更改登录密码界面，如图 1-25 和图 1-26 所示。

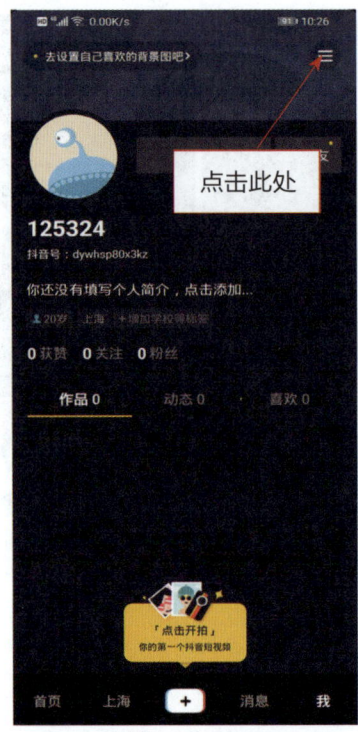

图 1-22

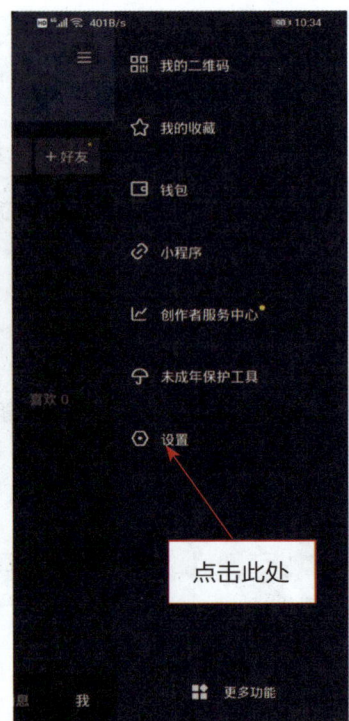

图 1-23

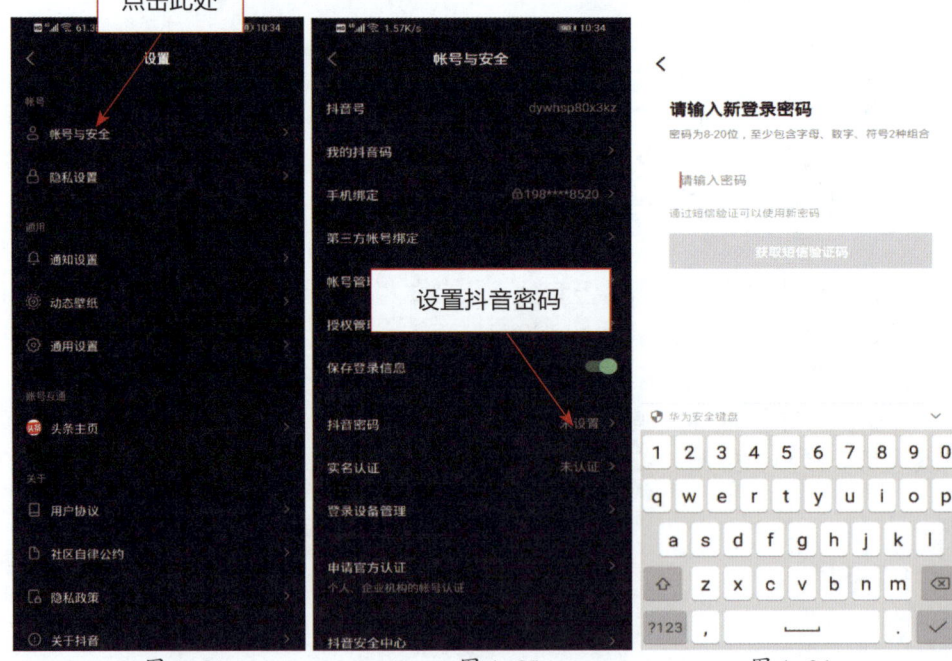

图 1-24　　　　　图 1-25　　　　　图 1-26

1.6 实名认证

更改好密码后就要进行"实名认证",在"账号与安全"界面找到"实名认证",点击进行认证,如图1-27和图1-28所示。

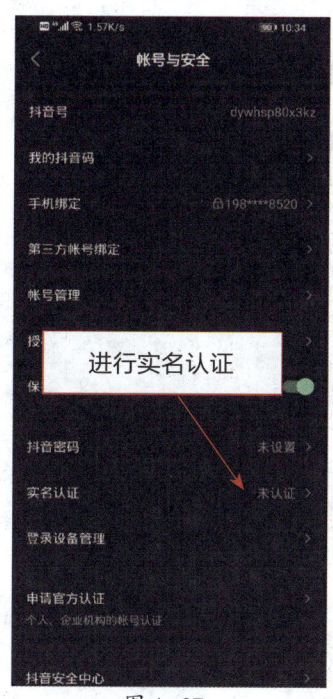
图1-27

图1-28

1.7 熟悉抖音的基本功能

输入相关个人或企业基本信息后,即完成注册,此时就可以正式使用抖音APP的各种功能,例如:观看短视频、拍摄短视频、发布短视频、搜索热点短视频等。

步骤1 点击首页即可观看抖音短视频,上滑界面可切换到下一个短视频,下滑界面可返回到上一个短视频。

步骤2 点击中间的"+"符号可以拍摄自己的短视频内容作品,如图1-29和图1-30所示。

步骤3 在首页由左向右滑动界面即可查看自己关注的作者发布的短视频内容作品,如图1-31所示。

步骤4 点击视频右上角的放大镜按钮,可以搜索热点榜、明星榜、直播榜。如果要搜索相关短视频内容作品，直接在输入框内输入相应的关键字即可，如图1-32和图1-33所示。

图1-29　　　　　图1-30　　　　　图1-31

图1-32　　　　　图1-33

1.8 了解用户协议

熟悉基本操作之后，需要了解用户协议，即知道自己和短视频平台方的权利和义务，了解双方可以做什么及不可以做什么。用户违反协议会遭遇相关短视频平台降权或封号；短视频平台方须保护注册账号用户的信息及隐私安全，若违反相关规定，易引起相对应的法律纠纷。

步骤1 在个人主页点击右上角的个人菜单栏，如图1-34所示。
步骤2 点击"设置"按钮进入设置界面，如图1-35所示。
步骤3 点击"用户协议"进入用户协议界面，如图1-36和图1-37所示。

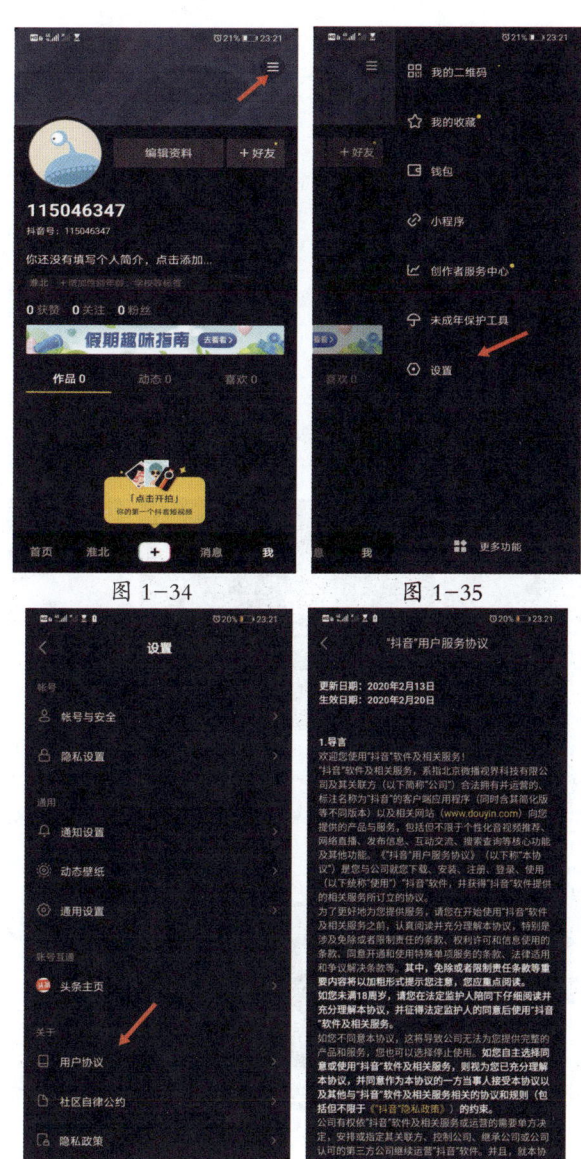

图1-34　　　　　图1-35

图1-36　　　　　图1-37

1.9 设置我的主页

了解短视频平台用户协议之后,接下来进入"设置我的主页"界面,设置具有个人或企业特点的界面,增加短视频平台账号的辨识度,这也是吸引粉丝大众关注的一个关键因素。

步骤1 在个人主界面点击任意背景处,如图 1-38 所示。

步骤2 系统将进入到背景界面中,这是系统的默认背景。若想要更换背景,点击底部的"更换"按钮,如图 1-39 所示。

步骤3 点击"更换"按钮后,平台系统会让我们选择一张相应的背景图片(这里以相册为例),如图 1-40 所示。

步骤4 接下来系统会进入到个人手机相册界面,选择一张自己想要设为背景的图片,如图 1-41 所示。

步骤5 选择好照片后点击"确认"按钮,然后对图片进行上下拖动及裁剪,如图 1-42 所示。

步骤6 回到个人主界面,在顶部的背景中可以看到背景已经更换成功,如图 1-43 所示。

图 1-38 图 1-39

图 1-40

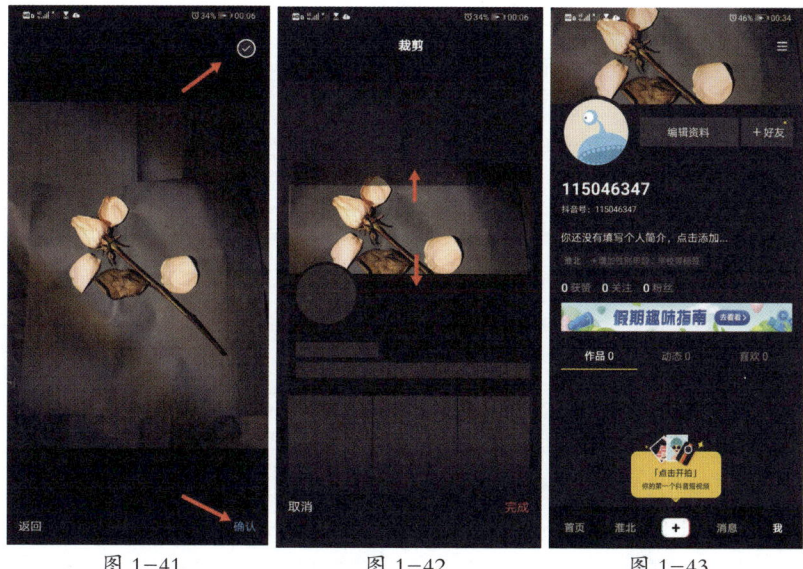

图 1-41　　　　图 1-42　　　　图 1-43

1.10 如何理解短视频"养号"

实际没有"养号"的说法。短视频平台账号只有输出优质内容、记录美好生活方能持久地生存与发展。"养号"是初期通俗的说法，是针对短视频"小白"在初始阶段，不了解平台的相关规则，通过"养号"的方法，让自己的短视频平台账号先生存下来，避免因操作不当而被相关平台降权和封号。即通过一系列有意而为之的操作，来提升自己短视频平台账号的初始权重。平台账号运营者在抖音短视频官方平台心目中的位置，权重越高，短视频平台官方越可能通过内部的推荐机制和运营规则，认可该平台账号是一个正能量的优质的短视频运营者，相对应地会给该平台账号更多的推荐播放量。短视频平台账号推荐播放量越高，意味着更多的粉丝大众能看到其短视频内容作品，进而上热门推荐，短视频平台账号内容作品中的产品品牌也将得到进一步的展示与推广。

那么，如何做好短视频平台账号的"养号"呢？

（1）对于新注册的短视频平台账号，应固定拥有一部优质的智能手机、一个实名认证注册的手机号及相对应的银行账号、一个持续稳定的 IP 抖音号，保持短视频平台账号内容作品定时更新。

（2）短视频平台账号注册完成后，先不要急于发布相对简单单一的短视频内容作品，而应去观看同平台其他对标账号发布的内容作品，研究对标账号的特点、风格等，同时点赞、评论、转发、互动。经过一周左右的"养号"，短视频平台将根据你观看的对标账号内容作品和观看习惯，通过平台的运算规则，确定相对垂直的短视频平台账号身份，并打上标签。下一周，再根据自身平台账号的运营需要去发布相对应的短视频内容作品。

（3）上传自己的短视频内容作品时要做到，短视频内容作品风格要统一、内容垂直度要高、颜值和清晰度要高，这样可增加粉丝大众的关注，从而提高自身短视频平台账号的权重。短视频账号在运营初期，每天不要上传超过两条以上短视频内容作品，也不要在同一时间段删除两条以上已发布的短视频内容作品，避免被相关短视频平台因批量操作而误判为过度营销号。如果觉得自己的账号所发布的某一内容作品有较多需要删除的，可将该内容作品设置为隐私作品，即仅自身可见。

（4）当粉丝大众对本短视频平台账号进行关注时，则自动成为本平台账号的粉丝，关注量越大越好，即粉丝越多越好。短视频平台账号的运营者要适当关注对方，但不可批量操作，因为短视频平台会根据该账号所关注的短视频平台账号自动添加垂直内容标签，以杜绝短期内批量的互关互赞。

短视频平台账号的运营者在发布新的短视频内容作品时，通常会在评论区收到粉丝对该短视频内容作品的评论，评论有好有坏，短视频平台账号的运营者应以平和的心态积极回复粉丝的评论，从而增加平台账号的活跃度与权重。

（5）用心维护，注重内容设计，文案和视频要有创意和创新。短视频平台账号的"养号"不是一朝一夕就能完成的，它需要短视频平台账号的运营者，细心持久地去进行优质内容作品的输出，用心呵护粉丝，遵循各大短视频平台的运营规则，通过优质的短视频内容创意文案，通过精美的内容设计制作和原汁原味的生活感悟，真实地展现生活的美好和精彩的瞬间，打造一个优质的短视频平台账号。抖音养号的过程示意如图1-44所示。

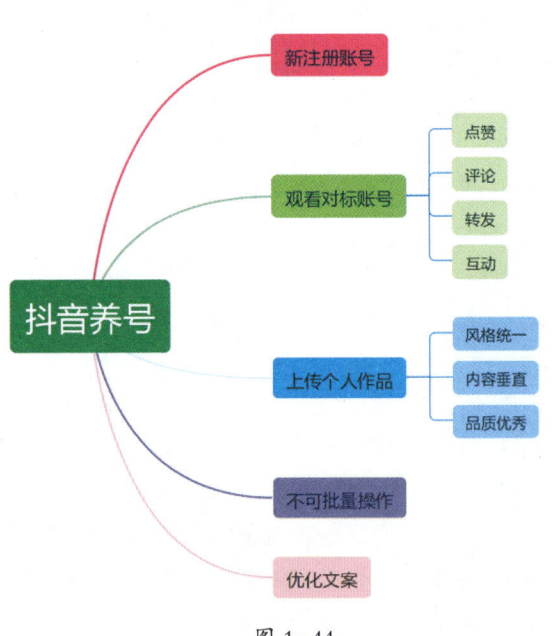

图1-44

第 2 章

做好定位
——想好自己要做什么

不同的领域有着不同的特点，不同的渠道有着不同的性质，不同的问题也有着不同的解决方案。每个人都有自己擅长的领域，每个人都有自己的天赋，巧妙地将自己的特长、优势与所定位的短视频号进行有机的结合，使之达到价值最大化，也就是发挥自己的强项，深耕自己所擅长的领域。

2.1 选择自己擅长领域

2.1.1 什么是擅长领域

不同的领域有着不同的特点，短视频内容作品的创作定位主要分为以下几点：

- 优势定位
- 兴趣点
- 闪光点
- 需求点
- 市场痛点
- 爆发点
- 突破点
- 结合点

优势定位

任何人都有天赋，只不过有时没有觉察到，只要你细心地观察和思考，就会发现自己的独特之处，只要方法正确，就可将其发展成自己的核心竞争力。短视频内容作品创作亦是如此，要找自己的创作蓝海，定位自己的优势。

世界上的万事万物皆可定位，如何找到自己的精准坐标，这是一个技术问题。坐标通常分为时间坐标和空间坐标，时间坐标是横向坐标，空间坐标是纵向坐标，将事物放在坐标系内，就可以很明确地找到事物的精准定位。这有利于以后的战略规划的制定以及布局的调整。将精准定位与优势长项进行有效地结合就是自己的一个优势定位。

兴趣点

兴趣是最好的老师，当一个人对一件事物产生浓厚的兴趣时，他就会愿意为之专研，付出十倍百倍的努力，克服重重困难，想尽办法寻找方案解决问题。对于短视频内容作品的创作，每个人兴趣都有所不同，有人喜欢唱歌，有人喜欢跳舞，有人喜欢种花，有人喜欢钓鱼，有人喜欢爬山，有人喜欢下棋。在兴趣爱好体验的过程中，就会发现许多别人尚未掌握的知识和技巧，将之称为体验和经验。分享相关的短视频账号内容作品，将所掌握的知识点进行浓缩、归纳、提炼和总结，形成自己的知识高地，然后将它进行有效地输出，对别人提供帮助，就会产生内容作品流量变现。

闪光点

对于短视频内容作品的创作，任何人都有闪光点，这是短视频运营者的强项的外在表现。有的闪光点呈显性，有的闪光点呈隐性；有的闪光点体现在全局，有的闪光点体现在局部；有的闪光点体现在开始，有的闪光点体现在过程中，有的闪光点体现在结局。闪光点是一个人的高光时刻，是一个人在创业项目过程中发现问题解决问题能力的体现。它可大可小，但是是一个人创业成功必不可少的要素。巧妙地利用自己的闪光点，则可以驾轻就熟，尽快地到达预期的目标。

需求点

人生在世，总有需求。人们对不同事物有着不同的需求，短视频内容作品的创作亦是如此。有的人的需求是物质方面的，有的人的需求是精神方面的。例如：老人需求是健康长寿；女人需求是貌美如花；男人需求是事业有成；孩子需求是学习进步……需求就是市场，就是空间，就是项目，就是财富，当发现一个需求点的时候，等于找到了一扇打开财富的大门。如果将需求点进行市场化的运作，进行合理有效的推进，便化解了需求的烦恼，提供了解决问题的方案，那么就通过需求点获得了相应的成功。

市场痛点

短视频内容作品创作市场就像广阔无垠的大海，既有晴空万里，也有狂风暴雨，既有风平浪静，也有惊涛骇浪。不同的短视频内容作品市场有着不同的特点，有的是买方市场，有的是卖方市场，有的是大众市场，有的是小众市场。不同的短视频内容作品市场有着不同的基数，水大鱼大，龙腾江海，柴米油盐，市井人生。市场痛点是一切商业活动的源泉，市场痛点是一切商业活动的风向标，市场痛点是一切商业模式的参考指数，是一切粉丝大众真实需求的反映。找准短视频内容作品创作市场定位，发现短视频内容创作的市场痛点，是我们从事短视频内容创业的重要前提条件。

爆发点

爆发点是短视频内容作品市场定位的"风暴眼"；是作品内核的聚焦点；是满足市场需求的内容作品最直接的终端口；是内容作品聚焦的火力点。如何选择好短视频内容作品创作市场的爆发点，明确定位和发布平台时间，对如何以最小的成本和最快的速度进入短视频目标市场至关重要。

突破点

突破点是基于短视频内容作品市场已形成一定的规模,在技术、专利、份额、等级、迭代、成长、成熟产品等方面已形成了现有的客观存在的壁垒,而强行介入抢占短视频内容作品市场份额的交集点,是在短视频红海市场中发现属于自己的蓝海市场的通道。突破点是内容作品最薄弱的地方也是最坚硬的地方,突破点是品牌的咽喉要害,选准短视频内容作品的突破点有利于短视频内容作品定位,在内容作品竞争中抢占先机。

突破点
成熟产品
等级 迭代 成长
规模 技术 专利 份额

结合点

短视频内容市场需求有大有小、有轻有重,不同的短视频内容作品痛点轻重不一、各有主次,将所有的需求痛点进行有效地融合集中,选取一个平衡点、结合点,有利于对短视频内容作品目标市场进行分阶段、分层面地单个击破,由点带面,由表及里,最终取得短视频内容作品创作的成功。

▶ 2.1.2 不同的人有不同的优势

因为基因不同,成长环境不同,经济基础不同,所受的教育程度不同,以及各种必然和偶然因素的干预,不同的人的资源优势与成长潜力也各不相同。每个人要充分地认识到自己的长处与短处,认识到优势与短板,扬长避短,才能在激烈的市场环境中,依靠自己的优势去分得一杯羹。不同的人有着不同的优势,从短视频内容作品创作角度出发,具体分为以下几类:颜值类、才艺类、泛娱搞笑类、知识干货类、人文科普类、动手实操类、思维开发类、明星大Ⅴ类、民间草根高手、地域优势、行业优势、特殊才能。

颜值类

短视频内容创作颜值类属于"老天爷赏饭吃"类型，天生丽质者占得优势。例如，各种短视频平台上高颜值的"小哥哥""小姐姐"，只需要本人出镜，一颦一笑皆成风景，众多粉丝蜂拥而至。直播打赏，爆刷礼物。但任何颜值类对短视频平台而言都是暂时阶段性的，如果没有后续的其他核心竞争力的支持，所从事的短视频内容作品创作很容易被其他的主播、博主所替代。

才艺类

短视频内容作品的才艺类属于通过自身的努力与学习，勤奋与成长，在某一方面取得了较为优秀的成绩和突出的表现，让粉丝大众在短视频平台上看到了主播、博主闪光的一面，并被其才艺展现所吸引，从而成为其忠实的粉丝。例如：杨丽萍的"孔雀舞"，二小姐唱台湾闽南歌曲"爱拼才会赢"。才艺类的焦点在于才艺展示要确实优秀出众，要有真才实艺，否则会引起大量粉丝的吐槽，所以才艺类的主播一般应是某个领域的优秀者、有所建树者。

泛娱搞笑类

大众时代全民娱乐，生活工作的方方面面，场景、细节皆可娱乐，称为泛娱。娱乐搞笑可以让人减少焦虑、放松心情，开心地生活和工作，是事业的润滑剂，生活的调剂品。全民去中心化的参与，各大短视频平台的开放与科技传播的革新，让普通百姓有了更多的展示表演舞台。短视频品类的崛起和碎片化时间的运用植入，让众多的民间高手有了生长绽放的土壤。全民娱乐化、娱乐多样化在各大短视频平台蔚然成风。

泛娱搞笑类分为图片类、短视频类、音乐类、曲艺类、模仿类、无厘头类、脱口秀类、比赛PK类、特技类、魔术类等。泛娱搞笑类的短视频账号的特点一般是粉丝众多，但黏性不高，短视频账号内容作品一般不太垂直，类似于综艺类账号，属于快餐化的消费娱乐平台。短视频泛娱搞笑类账号一般变现较难，带货不易，属于快进快出、潮起潮落、生命周期较短类的账号。

知识干货类

知识即财富，知识享受是精神享受。知识干货是价值共享，知识干货具有非常强大的生命周期，知识干货类的短视频是未来短视频发展的内容首选。短视频的核心竞争力是内容作品质量，而优质的内容作品又是来自于知识分享，过去由于平台的限制，信息的不对称等导致大量知识型人才的才华无法展现。随着科学技术的发展和大量短视频平台的涌现，各类短视频账号的开放，越来越多以个体为单位的自媒体短视频账号平台开启了知识分享、价值输出、社群体验、远程链接等知识分享类栏目。知识分享类短视频账号具有的特点是以小众单体账号为主，内容干货质量较高，短视频品类垂直度较高，持续性的内容分享，粉丝忠诚度很高，短视频内容作品具有较强的可变现性，容易直播带货，文创衍生开发，短视频平台账号质量较高，具有长期的可开发性。知识干货类短视频具有生长周期较慢，粉丝大众关注相对较少的特点，一般需经历种子期、生长期、成熟期、变现期、衰退期。但未来知识干货类的短视频一定是短视频平台的当家花旦。

人文科普类

大自然是伟大的，人类是渺小的。在漫长的历史长河之中，人类对未知的世界一直充满了好奇与探索。人文科普类短视频内容作品创作顺应了人类努力而执著地希望了解并知晓自然奥秘的需求。人文科普类的短视频账号具有专业性较强、垂直度较高的特点，具有客观存在主观感受的反映，具有粉丝大众关心、行业关注度较高的特点。人文科普类短视频粉丝大多较为理性，文化程度相对较高，能客观分析事物因果，具有学术探讨、剖析商榷的特性，是短视频平台内容创作的重要品类之一。

动手实操类

读万卷书不如行万里路，行万里路不如阅人无数。纸上得来终觉浅，绝知此事要躬行。对事物最好的了解方式就是动手实操。动手实操类的短视频内容作品创作更容易让人信服，百闻不如一见，眼见为实，亲自参与可打消心头的疑虑，让人相信。动手实操类短视频具有动手能力强、条理清晰、工序完整、全程可见、可现场监督的特点，是一些不擅语言表达但有绝活且动手能力较强的特殊人才的不二之选。

思维开发类

"世上本没有路，走的人多了也便成了路。"不同的人有着不同的思维方式，把自己对于事物的思考以短视频内容作品的方式呈现出来，与社会各界共同交流探讨，这既对自己是一种成长，对其他人也是一种帮助，也有利于事物的发展。世间万事万物总是在争论中发展前行，探索未知的领域一直是人类永远的宿命与主题。在各种短视频内容作品创作平台上，从事思维开发类的账号运营既可以展示自己对某个领域的研究与思考，也可以通过短视频账号平台结识更多的有着相同爱好或相关资源的人才或机构，从而进行学术探讨与交流、互补与合作。思维开发类的短视频账号一般也是专业性非常强,相对于某一个细分市场所开发建立的小众账号,是一个类似于社群社区的短视频账号。

明星大V类

短视频内容作品创作平台从来不缺乏明星大V,明星大V也永远自带光环,拥有众多的粉丝,是相关短视频行业或某个领域的KOL(意见领袖)。人们通常会对明星大V充满好奇,对他们的生活、工作、言行、态度等给予莫大的热情和关注,以一种典型的吃瓜群众的心态去观看与他们相关的事宜。因此明星大V类的短视频平台账号是明星大V与粉丝大众最简单直接的交流方式,是明星大V公众人物自身成长、增粉增量必不可少的平台,是明星大V表达个人观点态度的传话筒。明星大V的短视频账号具有粉丝量基数大,关注度高,传播速度快,影响力大,变现快的特点。尤其是头部的明星大V,其短视频账号价值不菲,自身权重很高,平台资源也会给予相应的倾斜、推波助澜,进而吸引更多的媒体和粉丝大众的关注,这也将促进和刺激更多的腰部网红向着更高的目标迈进。因此完善管理好明星大V类短视频平台账号就等于拥有了一笔不小的财富,拥有了一把成长变现的金钥匙。

民间草根高手

真正的民间经常是卧虎藏龙,真正的高手也常常隐匿于乡野市井之间,众多的民间高手由于自身的资源、时间和空间的限制等因素导致自身的才华和特长没有被展现出来。随着科技的发展,各种短视频平台门槛的降低,以及注册自媒体短视频账号的便捷，越来越多的民间高手可以借助短视频平台的账号将自己的才华与特长进行展示，降低了交流的成本，有了更多让外部世界了解自己、认识自己的机会。民间草根高手短视频平台账号具有草根性，形式相对简单粗糙，制作成本相对较低，内容繁杂多样、泥沙俱下，具有贴近百姓生活，作品接地气且不按套路野蛮生长，短视频的制作缺少规范化和系统化，生命力强大、生命周期不稳定的特点，因此需要持续稳定地做优质内容作品的输出。总之，在当下短视频蓬勃发展时期，每个人都有爆红的机会，开设民间草根高手短视频平台账号是一个不错的选择。

地域优势

不同的地域有着不同的特点，不同的地域有着不同的文化，不同的地域有着不同的发展。结合本地域的天然优势，结合自身短视频平台账号的定位，我们很容易找到自己的地域优势。例如，贵州做茅台酒相关短视频平台的账号，新疆做吐鲁蕃葡萄的相关短视频平台的账号，云南做鲜花相关短视频平台的账号，江苏高邮做双黄蛋相关短视频平台的账号等。地域优势短视频平台账号具有地方影响力大，粉丝大众潜意识认同，地域特色鲜明，个性文化符号和礼仪风俗独特等特点，例如，地方土特产、民间手工艺、扎染、印刷、编织等。充分发挥地域优势做相关的平台账号，可以形成相关地域内容作品的意见领袖和公共交易平台，是相对较为优质的短视频平台账号之选。

行业优势

不同的行业有着不同的产业集群，因为历史、地域、人才等因素的影响可形成不同的行业高地，而行业的影响力则直接决定了自身的话语权。依据行业优势设立相关的短视频平台账号有利于顺势而为，依托现有的力量，以最小的成本和代价，快速地形成自己短视频相关账号的权重，并易于聚集行业相关的资源、人才和优势，实现账号变现。行业优势短视频平台账号具有专业性强、垂直度高、粉丝黏合度高、人才聚集度高、交流合作便利的特点，是从事某一行业领域相关科研生产及经营活动的企业很好的选择。

特殊才能

生活中有极少数人有着自己的特殊才能。特殊才能具有不可复制性、独特性等特点，通常为世人所不知，在短视频内容作品平台开设账号有利于展示自己、宣传自己，并可寻找到更多的合作对象，有利于特殊才能的交流与自身发展。

▶ 2.1.3 为什么选择自己擅长的优势

尺有所短，寸有所长。每个人都有自己的长项优势，也有自己的短板软肋。只有充分利用自己所掌握的资源和自己的长项，才能在激烈的短视频市场竞争环境中找到自己的生存之地与发展之道。

如果不以自己的优势去参与短视频内容作品创作市场竞争和运营，反其道而行之，则必将以失败告终，所以一定要顺势而为，选择自己所擅长的领域，以己之长攻敌之短，才能所向披靡，战无不胜。

竞争激烈

当前市场竞争日益加剧，市场已从卖方市场转为买方市场，传统行业日渐衰弱，有些产品已供过于求，要想在激烈的市场竞争中分得一杯羹，我们一定要充分地利用自己所擅长的技能，顺应潮流趋势开发新的适应市场发展的产品，这也是我们的生存之道。

节省时间

随着时代的发展，人们的生活和工作节奏越来越快，每个人都在努力从事自己所擅长的事业，无暇停下来进行思考，因此时间也成为了宝贵的资源。当我们从事自己所擅长的短视频内容作品创作时，则可以大大地缩短工作的时间，提高工作效率，以最短的路径取得想要的结果，在竞争中占得先机，保持和增强自身的优势。

缩短赛道

各行各业都有其独特的路径赛道，如何尽快地进入赛道并保持在赛道的前部是我们所关心的内容重点，充分发挥和利用自己在短视频行业的优势可以让我们少走弯路、少踩坑，缩短赛道进而取得成功。

以己之长攻敌之短

短视频的竞争既有大的策略、内容、体量方面的竞争，也有细微之处的竞争，比如短视频发布的时间、地点、参与人员等。在咫尺之间，以己之长攻敌之短显得尤为重要。

容易出头

现在各行各业人才济济，要想出类拔萃非常不易，因此在从事短视频平台账号运营的时候，应自己选择好短视频赛道并找到自己的优势，将别人所不具备的核心竞争力加以巧妙运用，很容易在内容作品输出上显示出优势，并获得成功。

求新创变

在竞争激烈的短视频红海市场中寻找蓝海，求新创变是一个不错的选择。当我们发现一个新的短视频品类市场，并在其中有话语权的时候，则表示我们占得了先机，同时短视频行业求新创变也是任何参与其中的企业和个人向前发展的一个不变的宗旨。

满足需求

短视频市场的需求是无止境的,只有不断地发挥自己的长项,开发出新的短视频内容作品市场需求并尽力去满足它,才不会被市场淘汰。满足需求也是短视频平台交易变现的必要前提条件。

满足好奇心

人们通常对未知的世界充满了好奇,利用自己的长处,通过短视频平台账号和短视频内容作品去满足人们的好奇心,也是一个不错的选择。

深度理解

人们现在对每一个领域都会有一定的认知,我们只有潜沉下去,进一步去深度理解并挖掘开发,才能加深对短视频行业的了解。

利于操作

只有当我们对短视频行业非常了解的时候,清楚地知道该行业的操作流程及每一个细节,我们才能充分发挥自己的长项,在短视频内容制作进程中迅速达到预期效果。

创立新高度

任何行业总是要求参与者精益求精、不断攀升,我们只有充分利用自己的长处,通过深入的研究和思考,创立短视频行业的新高度和新标准,才能获得更大的成功。

颠覆传统

固有的思维会禁锢人们的思想,僵化人们的认知,我们应该通过自己不断学习所获取的科学知识去颠覆传统,从而开辟出一片短视频的新天地。

建立壁垒

超出大众的传统认知建立短视频平台账号新壁垒,可以使我们在短视频内容作品创作方面获得较高的成长空间并保持优势。

有利于总揽全局

基于对短视频领域的了解及相应行业的深入,我们可以很清晰地看见短视频行业的方方面面。在短视频行业内的深耕细作,有利于我们总揽全局,协调行业发展。

▶ 2.1.4 如何选择擅长领域

每一个人都有自己擅长的领域,只有通过建立清晰的坐标,通过精细化的流程分析,通过对创作市场进行比对,对同行竞品、行业标签等进行分析,才能找到自己所擅长的领域。这也是从事短视频行业内容作品创作开疆辟土的第一步。

大数据分析

每年各个行业都有自己的年度行业报告，一些著名的专业咨询机构也会出具短视频行业的大数据分析报告。我们要学会通过各种渠道去收集、整理、分析短视频行业的数据报告，分析短视频行业的市场规模、特点、效益以及未来的发展趋势等，从而找准自己的短视频内容作品创作的定位，找准自己的粉丝大众和市场空间。

同行竞品分析

当选择好某一个短视频领域并准备进入时，我们需要将这个领域内的同行的所有数据进行收集、整理、分析，找出他们的短视频市场定位、目标受众、市场占比、时效长短、人员配置、财务分析、市场空间、未来发展等，从而确定自己在该短视频市场中的相对定位，并制定相应的短视频营销策略和发展规划。

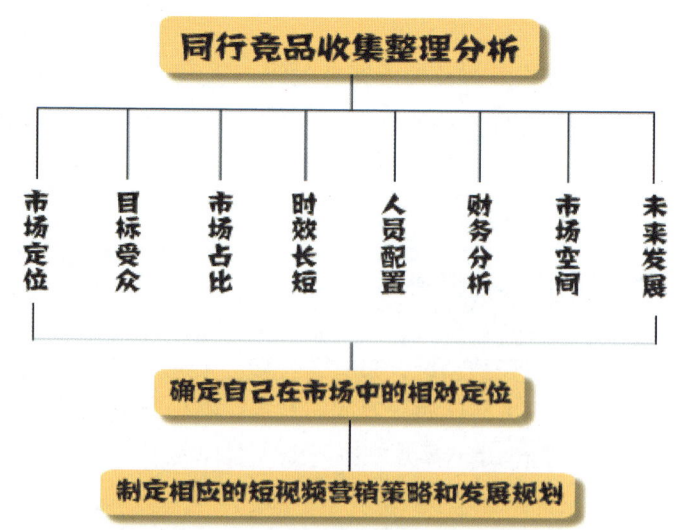

明确定位

通过对短视频内容作品市场大数据和同行竞品的分析，我们就可以很清晰地知道自己的短视频定位及市场空间，明确自己的实操步骤和发展方向。短视频内容作品创作市场定位分为同质化定位和差异化定位。短视频内容作品创作同质化定位是指在相同的市场环境里，相同的行业资源以及相同或相似的营销方法进行正面直接的竞争与PK。短视频内容作品创作差异化的定位是指在相同的市场环境里，相同的行业资源进行错位差异化的定位，采取不同的营销方法进行短视频行业资源互补，进一步完善短视频市场的竞争与繁荣。明确定位就明确了我们的出发点，就明确了短视频发展方向，"主播带我不迷路，我陪粉丝上高速"。

明确标签

任何行业都有自己的独特标签，当我们明确了短视频内容作品定位之后，就需要给自己的短视频打上明确的标签。短视频标签是自身品牌的关键词，也是自身产品隐形的背书。优质的短视频标签可以加速对品牌的认知，劣质的短视频标签会误导粉丝大众，从而影响到品牌在短视频内容作品市场中的发展。短视频标签的产生来自两个方面，一个是主动贴标签，一个是被动贴标签。短视频主动贴标签是来自于市场定位、持续内容作品的输出、产品的特点等。主动贴短视频标签基本是正能量且可控的，有规划的。被动贴短视频标签则大部分来自于粉丝大众以及公众媒体对内容作品的认知与了解，常常是无意识的，不确定的因素干扰较多。因此对待短视频标签关键词我们要高度重视，从一开始就应明确规划，确定好短视频标签词。对待负能量的短视频标签词及时做好引导和消除，以免影响品牌的发展。对待正能量的短视频标签词要及时地予以保护与巩固，使之深入人心，并与内容作品浑然一体。

坚持原创

短视频的竞争最终是短视频内容作品的竞争，坚持短视频原创可以使自己的短视频内容作品保持永久的核心竞争力，一切的搬运模仿最终都会被淘汰。原创短视频有着强大的内容生命力，短视频原创的内容具有独创性、原生态，享有知识版权，享有首发优势，而短视频搬运是很明显的侵犯别人的知识版权，短视频模仿是游走于短视频行业的灰色地带，最终都会给自己带来各种各样的隐患，且短视频搬运和模仿会导致大量的短视频高度地同质化，最终为粉丝大众所丢弃，例如，某某翻唱某峰的作品。许多明星模仿秀节目在短视频制作形式和表演上都引起了麻烦。某卫视的爆红节目，最终因侵犯某机构的版权而被迫重新更名播出。随着社会的发展，短视频的生态环境越来越成熟，竞争越来越激烈，粉丝大众对短视频内容作品创作质量的要求越来越高，短视频将出现百花齐放百家争鸣的局面，并最终会聚积成为几个头部短视频巨头平台之间的竞争。因此坚持短视频内容作品原创，坚持自己所擅长的优质内容作品输出，才能在未来竞争激烈的短视频红海市场中占据一席之地。

侵犯别人的知识版权
游走于行业的灰色地带
各种各样的隐患和麻烦
高度地重合同质化
最终被抛弃

强大的内容生命力
享有独创性、原生态
享有知识版权
享有首发优势
享有修改的便捷

坚持创新

人性的特点之一就是喜新厌旧，人们在日常工作学习生活中会不断地追求探索新生事物，因此只有顺应人性的特点，坚持在短视频内容作品中保持观点的创新、形式的创新、内容的创新、节奏的创新，给短视频内容作品源源不断地输入新鲜的血液和氧气，才能使短视频内容作品常换常新、常变长存，不断地给粉丝大众以惊喜和期待。

做到极致

任何事物本没有极致，但我们要努力趋近于极致。例如，乔布斯做苹果手机，雷军做小米手机，董明珠做格力空调都是典型的案例。因为短视频内容作品做到极致就代表该短视频内容作品在这个领域拥有了新标准、新高度、新趋势，也是别人所无法企及的愿景，只能望其项背。例如，田园仙子李子柒。因此追求将短视频内容作品做到极致，是我们必须坚持的一个发展方向。

持续输出

无论从事何种行业，都拒绝三天打鱼，两天晒网，尤其是从事短视频平台账号内容作品的输出，更需要坚持。由于当下信息资讯爆炸，让短视频粉丝大众目不暇接，眼球经济成为焦点，每个人的碎片化时间用在哪里，流量在哪里，红利就在哪里。目前短视频行业，以抖音为例，5亿多粉丝平均每天用在该APP平台上的人均时间为53分钟，粉丝从每天清晨第一时间打开该APP到夜晚临睡前仍然使用该APP，如此高频地占据粉丝的碎片化时间，产生巨大的粉丝流量。只有保持短视频优质原创内容作品的持续输出，吸引更多的粉丝大众持续地关注，才能找到短视频内容作品的爆发点和它的价值所在。

积极参于各种营销

好酒也怕巷子深，拥有优质的短视频平台账号内容作品也需要积极地参加各种线上线下的营销活动，这有利于对账号内容作品进行矩阵化的宣传、展示与互动，有利于短视频内容作品创作的改进和变现。例如，参加各种平台的发布会、粉丝见面会、线上直播、节庆促销、公益活动、线下互动、明星点评、热点事件关注等，都是为了短视频平台账号的营销，从而在粉丝大众心中树立企业、个人良好的IP形象。例如，快手辛巴为抗击新冠病毒捐款1.5亿人民币，某音忠哥与其他账号主播打PK等，这些活动都是为了树立短视频平台账号的个人IP形象。图2-1所示为某直播间界面。

图2-1

线上线下一体化

短视频线上持续内容作品输出打破了时间和空间的限制,使信息展示更加便捷顺利,但也缺少粉丝大众的亲身感受和体验。短视频线下的营销实操可以让粉丝大众亲身感受,更具场景化和仪式感,因此,线上线下的短视频平台账号生产销售一体化的打通,是未来短视频行业发展的必由之路,如图2-2所示。

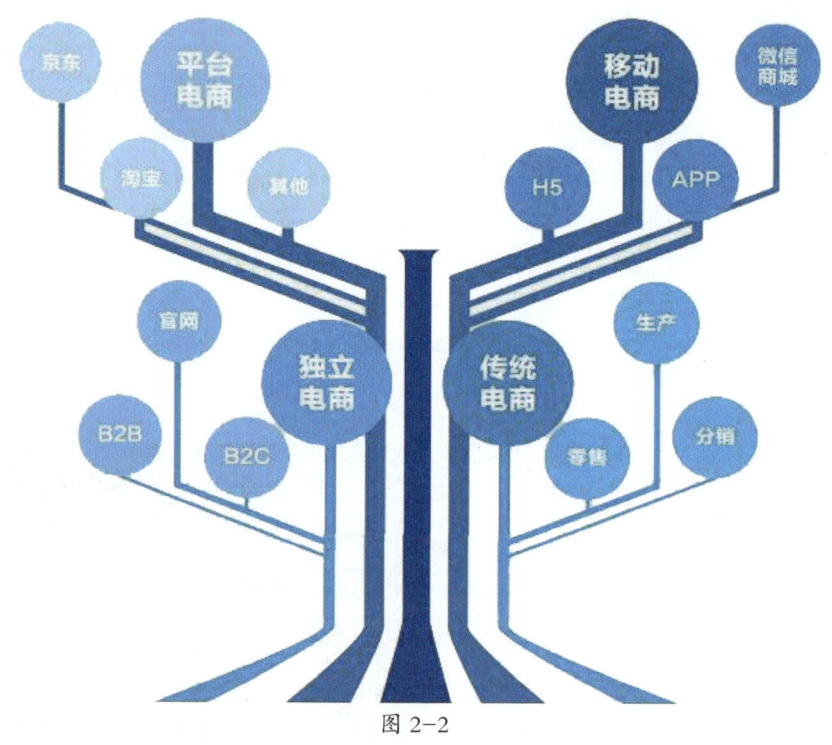

图2-2

2.2 精准定位粉丝群体

2.2.1 什么是精准粉丝

粉丝是短视频运营者的服务对象,粉丝所关注的焦点就是短视频运营者所创作的内容作品的价值所在,围绕精准粉丝服务可以让短视频账号的内容作品有方向感和目标感，使短视频内容作品创作在粉丝大众的指引下挖掘内容作品真正的价值所在。精准粉丝量的变化，就是短视频内容作品创作的晴雨表，直接反映短视频内容作品的好坏。应杜绝自嗨式的内容作品创作，一切短视频内容作品都要接受市场的检验。市场价值的存在是检验短视频内容作品的唯一标准，所以精准定位好粉丝群体，是短视频内容作品创作的前提条件，具体表现为以下几点。

粉丝是人，利用人性做生意

短视频粉丝大众是内容作品的忠实用户。短视频粉丝大众是内容作品的体验官、质检员、裁判员。点击购买、点赞评论及转发就是对短视频内容作品的最好的褒奖，最真实的认可。人都具有人性的优点和弱点，这不以人的意志为转移，因此巧妙地利用人性的弱点，利用事物发展的规律和粉丝大众的消费习惯，在潜移默化之中达到短视频内容作品的输出与变现。

粉丝的特点

不同的短视频粉丝大众有着不同的特点。从年龄层次来分，表现为老年粉丝、中年粉丝、青年粉丝、儿童粉丝等；从性别层次来分，表现为男性粉丝和女性粉丝；从爱好层次来分，表现为运动型、才艺型、知识型、娱乐型、科普型等；从短视频社群层面来分，表现为美妆类、美食类、穿搭类、户外驴友类、萌宠类等。不同维度的短视频粉丝有着不同的内容作品的需求，比如市场销售类的粉丝更多关注的是市场动态，价格变化，市场销量等；娱乐类的短视频粉丝更多关注的是演出内容，作品档期，观众口碑，票房价值等；运动类的短视频粉丝更多关注的是体育明星，著名赛事，进球技巧，得分评判等。总之，粉丝无处不在，各种粉丝大众有着不同的爱好与需求。近年来不同的短视频粉丝更趋向于以共同爱好为基础结社成群，如音乐发烧友社群、钓鱼协会社群、民谣音乐社群等。

观众的需求即痛点

短视频粉丝大众的需求即市场的痛点，也是我们短视频内容作品创作的动力所在。因为短视频市场上没有与粉丝大众相匹配的内容作品，是买方市场，短视频内容作品嗷嗷待哺，粉丝大众急于从各种短视频平台寻找发现自己所需要的内容作品。这就产生了短视频内容作品市场的痛点，这类粉丝大众具有需求迫切、垂直度高、黏性高、需求量大、传播快的特点。因此抓住短视频粉丝大众的需求，即短视频市场的痛点，我们就握住了短视频内容作品创作前行路上的风向标。

粉丝是流量

粉丝是生活在短视频大海里的鱼群，是短视频内容生态中的细胞，也是短视频平台账号中最活跃的因子，所以粉丝是流量。粉丝所到之处万马奔腾、人声鼎沸，这汇成了短视频平台账号最嘹亮的歌声。活跃互动型的短视频粉丝更是流量当中的急先锋，是短视频粉丝当中的钻石粉。短视频粉丝数量巨大，紧紧抓住短视频粉丝流量可以源源不断地给内容作品创作输送营养，保持短视频内容作品的健康成长。

粉丝是财富

一切短视频账号的运营最终是为了变现，而变现的消费者正是粉丝，因此短视频粉丝是财富。短视频粉丝在享受精神娱乐和物质满足的同时，会支付一定的劳动报酬。

精准粉丝的效应

精准粉丝是短视频平台账号的目标受众，是平台账号最忠实的拥护者。精准粉丝具有垂直度高、专业性强、细节完善、内容全面、观念正确、真实实用的特点，因此呵护好短视频账号的精准粉丝，可以起到口碑指数传播的效应。

精准粉丝的特点：
- 垂直度高
- 专业性强
- 细节完善
- 内容全面
- 观念正确
- 真实实用

SASA 传播

SASA 传播是一种"病毒式"传播。指短视频内容作品以几何级的方式在短视频生态链中迅速繁衍裂变,"感染"身边每一位短视频粉丝,具有传播速度快、传播范围广、不受时间空间的限制、爆炸式裂变的特点。在短视频平台账号运营过程中,采用 SASA"病毒式"的传播,可以一夜之间让一名短视频账号新手爆红。

粉丝是福利

一个短视频平台账号的忠实粉丝,不仅为账号提供了各种有价值的贡献,而且在他的日常言行交往中也无形地帮助短视频平台账号进行了二次有效的传播,相当于给短视频平台的账号返还了福利。所以只要真诚地服务好我们的粉丝,提供货真价实的短视频内容作品输出,那一定会获得超值的回报,也一定会感觉到短视频粉丝大众回馈给我们的福利。

2.2.2 用户需求分显性和隐性

短视频粉丝用户的需求分显性和隐性。显性需求是指直接的、有明确具体要求的，是短视频运营者必须满足的基本需求，如果不满足粉丝的刚需，则短视频账号没有存在的价值。隐性需求是指粉丝用户潜意识的，更宽范、更细致、更深入的需求，它有意识或无意识地影响着短视频内容作品的播出和作用，是增值服务溢价行为。

如果短视频平台账号的运营者将用户的显性需求和隐性需求进行有机的结合，则短视频账号的实际价值发展空间巨大，具有持久的更广阔的发展空间。以紫砂茶杯为例，茶杯具有喝茶的功能是粉丝用户的显性需求，也是其直接基本的作用，是刚需；如果是用紫砂制作茶杯，则紫砂材料就是对茶杯进一步的隐性需求；如果进一步增加工艺将茶杯做成有趣的造型，则是进一步增加了对茶杯的隐性需求；如果再进一步由名家大师制作，做出茶杯的文化属性，则对该茶杯从最初最简单的显性需求及到后来对其的隐性需求都被逐渐满足，且产品的价格在合理的空间，大大超出了粉丝用户的预期。至此短视频平台账号的运营者与粉丝大众完成了一次完美的互动，且该粉丝会成为最忠实持久的忠粉。

忠粉与泛粉

任何短视频平台账号的粉丝都有忠粉和泛粉。忠粉是指短视频平台账号忠实的拥护者，是短视频账号平台最具生命力的基本用户。忠粉具有忠实性、维护性、监督性和建议性的特点，是短视频内容作品最直接的体验官，会直接地提示平台账号的运营者该输出怎样的内容作品。泛粉是指短视频平台账号内容作品较为宽泛属性的粉丝，是流连于各大短视频平台账号之间的普通型粉丝大众，或者是垂直内容作品的基础小白爱好者，或者是对短视频账号内容作品没有强烈的需求感，要求指数不高的粉丝群体，其具有偶然性、随意性、表象性、基数大、黏性不高等特点。巧妙地利用短视频泛粉可以形成账号平台的外围夯土层，利用短视频忠粉形成账号平台的精准粉丝，形成平台内容作品忠实的拥趸者。

忠粉特点 与 泛粉特点

忠粉特点：
- 忠实性
- 维护性
- 监督性
- 建议性

泛粉特点：
- 偶然性
- 随意性
- 表象性
- 基数大
- 黏性不高

骨灰粉与僵尸粉

骨灰粉是指发烧友级别的粉丝，凡事精益求精追求极致，对待短视频账号内容有着顶级配置的需求，容不得内容作品有半点的瑕疵。僵尸粉是指长时间不闻不问处于休眠状态的短视频粉丝，当他关注某一短视频平台账号以后，常常会过目即忘，对短视频账号内容作品不作任何形式的反馈互动，不发表任何观点和评论，即处于"僵尸"的状态，称之"僵尸粉"。僵尸粉对短视频账号的价值有着极大的影响，严重干扰了各方对于短视频账号内容作品价值的评判。这需要我们定期地对短视频内容作品粉丝人群进行分析评估，调整改进。

粉丝路径

短视频平台账号与粉丝是"隔河相望的一对恋人"，需要通过路径桥梁来沟通，如何打通短视频粉丝路径需要一定的技巧。短视频平台账号获取粉丝路径的方式有以下几种：一是通过短视频平台账号内容作品的输出直接获得粉丝的关注；二是通过短视频账号矩阵相互打通获得多平台的支持；三是通过短视频社交媒体和各种资讯植入获得广泛的关注；四是通过短视频知识分享、音视频讲座获得关注；五是通过短视频内容作品分享会、线下粉丝见面会获得关注；六是通过短视频促销活动进行扫码关注；七是通过短视频内容作品发放彩蛋、红包福利等获得关注；八是通过短视频转发、分享获得关注。上述内容可形象地如图2-3所示。

图 2-3

> 互动渠道

短视频粉丝大众互动渠道形式多样，风格不一，在新媒体融媒体时代，从 PC 端到移动端，从垂直到跨界，短视频内容作品创作竞争无处不在，凡是适合自己的，凡是有利于短视频平台账号涨粉的，就是最好的。

▶ 2.2.3 为什么要精准定位粉丝群体

短视频平台账号粉丝大众具有广泛性、多样性、随机性，具有无序、交叉、盲从、跟风、个性、自我、差异化等特点。精准定位粉丝群体可以让我们更好地为粉丝大众服务。具体表现为以下几点。

> 明确需求

任何粉丝大众观看平台账号内容作品时，都会表现出对短视频账号内容作品的显性需求和隐性需求，这是粉丝大众最真实的想法。如果我们通过对其行为方式进行梳理、分析、引导，就可以通过短视频内容作品输出完成一次与粉丝的完美互动。所以明确内容作品需求就是寻找短视频精准粉丝群体并创作优质内容作品和持续输出的依据。

寻找目标对象

短视频平台账号具有公开性和宽泛性的特点。当我们把短视频平台账号的内容作品发布到不同的短视频平台时，就会被不同的粉丝大众所观看。而每个短视频账号平台又都具有不同的特点和属性，其定位和重点也有所不同，因此不是所有的粉丝都是所需要的精准粉丝。只有通过对各短视频平台账号数据的反映进行分析定位，透过表层现象看到其内在的运动轨迹和规律，才能寻找到所需要的短视频精准的目标受众群体，找到我们服务的粉丝大众。

制定营销策略

短视频粉丝在观看短视频内容作品输出时所表现的互动反映和行为方式有利于在下一次短视频内容作品输出时，及时做好短视频内容作品的规划、定位、发布、营销、调整、改进等。精准定位粉丝群体有利于我们结合其个性垂直化的特点，定制满足其需求的短视频内容作品营销策略和方案。具体的营销策略所涉及的方面如图2-4所示。

图2-4

满足粉丝痛点

短视频粉丝最真实的需求没有被满足就是其痛点，就是短视频内容作品市场的空白和需要改进的地方。围绕粉丝痛点可以使我们从中衍生、开发、升级出更多短视频内容作品满足粉丝大众更高层次的需求。满足短视频粉丝的痛点需求，就是击中其软肋，用最简单直接的方式赢得粉丝的信任，完成短视频平台账号内容作品的输出与变现。帮助粉丝解决痛点问题，引导粉丝进行二度营销，持续锁定现有短视频粉丝人群，开发垂直领域新粉丝，最大限度地进行短视频内容作品粉丝影响的扩散。必须灵活机动地组织粉丝群体建立短视频兴趣社群，共同开发具有垂直性、专业性的短视频内容作品，开启三级分享、合作共赢的短视频营销商业新模式。

▶ 2.2.4 如何精准定位粉丝群体

精准定位粉丝可以让短视频账号内容作品具有中心思想和主题，可以使运营者在持续的短视频内容作品输出当中，依据粉丝大众的喜好、习惯、行业特点等从事短视频新内容作品的开发。如何精准定位粉丝群体，具体可以从以下几个方面进行划分。

行业

可以分为服装类、美妆类、美食类、运动类、摄影类等。

年龄

可以分为银发粉丝（养生保健）、中年粉丝（健身器材）、青少年粉丝（电影游戏）、婴幼儿粉丝（母婴产品）。

品类

以家电为例，可以分为冰箱类、洗衣机类、空调类、取暖器类等。

习惯

例如，有人喜欢早上刷短视频，有人喜欢中午刷短视频，有人喜欢晚上刷短视频，还有人喜欢深夜刷短视频。

爱好

有人喜欢刷抖音，有人喜欢刷快手，有人喜欢刷火山，有人喜欢刷西瓜，有人喜欢刷B站，还有人喜欢刷小红书等。

等级

有初级用户、中级用户、高级用户等。

地区

可以分为北上广一线城市用户，苏锡常二线城市用户，县级市区三线用户，乡镇社区四级用户等；也可以分为东北地区用户，沿海地区用户，西北地区用户等。

消费水平

可以分为奢侈品高端用户、货真价实中产阶级用户、廉价实惠的普通用户。

渠道

可以分为线上粉丝用户、线下粉丝用户等。

总之，精准定位好短视频粉丝群体，是从事短视频平台账号运营的基础工作要点。

2.3 高度垂直化定位

2.3.1 什么是高度垂直化

高度垂直化指短视频平台账号在内容作品定位、内容作品价值输出上具有专业干货类持续稳定地输出，短视频内容作品之间具有关联性、连续性、互补性、丰富性的特点，具体如下所述。

分类

短视频目标市场的细分分类越细越好，当我们在短视频品类的目标市场细分中足够地细致入微，越聚焦越容易成为该短视频品类的KOL（意见领袖），对该短视频品类产品越具有话语权、控制权和议价能力。

专业

在短视频目标市场的分类清晰之后，短视频内容作品的特点、性能、价值表现得越专业，越能取得粉丝大众对该短视频内容作品的认同与赞赏。

专注

短视频市场如大海，短视频内容作品品类繁多，在确定好对某一细分市场的某类内容作品的定位之后，要更多地予以专注、深耕，切忌短视频内容作品平面展得太开、平均用力，导致该短视频内容作品无重点、无突出点。专注是一种良好的习惯，数年如一日专注于某一短视频内容作品的输出，可以使粉丝对该短视频内容作品印象深刻，有利于建立良好持久的互动关系。

极致

选好某一品类，明确好短视频平台账号以后，我们应专注于该短视频平台账号内容作品的输出，对短视频内容作品应做到无限趋近于极致。因为一切短视频平台账号的竞争最终都是短视频原创内容作品的竞争，任何的技巧在优质短视频内容作品面前都显得苍白，所以我们要不断地追求短视频产品优质和极致，这是短视频号价值存在的关键。

标准

不同品类的短视频内容作品有着不同的标准，快速地在自己所选择的短视频品类内容作品中建立统一的标准，有利于让短视频内容作品输出统一化、风格化、规范化，形成一套有效的短视频流程和机制，同时也让短视频内容作品输出标准成为同类别作品的基本门槛，保持短视频自身账号在同品类内容作品输出上的竞争优势。

标签

短视频标签是短视频内容作品输出给人的第一印象，是短视频内容作品输出的关键词，它与短视频账号内容作品紧密地联系在一起，直接关系到粉丝大众对该短视频平台账号的认可。正能量短视频标签有利于平台的发展，负能量短视频标签则有损内容作品的生命力及流量变现，因此定位好短视频内容作品标签人设，并加以有效地引导与执行，持续输出优质原则内容作品，有利于打造正能量短视频内容作品标签。

呈现方式

呈现方式是粉丝用户在短视频平台账号上对短视频内容作品最直观的感受，是粉丝大众对短视频内容作品的初步判断，它决定着粉丝大众是否会持续进入观看。因此，呈现方式作为一种技术手段，在短视频内容作品定位初期具有非常重要的意义，具体如下所述。

（1）色彩。短视频账号总体风格无论是统一的单式还是复式，其所运用的色彩总体上不要超过三种颜色，否则会显得斑驳杂乱，俗称"大花脸"。

（2）调性。短视频账号内容作品的输出所体现出来的特质、风格、给人潜在的印象称为调性，通俗讲即为短视频的气质、气息，定位好短视频内容作品的调性有利于确定短视频内容作品输出的风格、表现形式，保持短视频内容作品的创作与定位调性相一致，使短视频内容作品的输出浑然一体，趣味横生。

（3）个性。一个有特色的短视频平台账号在保持其独特调性的基础上，必然会呈现出其与众不同的短视频个性。短视频个性是指该内容作品的输出与同类别内容作品相比具有差异性、原创性、不可复制、与众不同等特点。保持短视频内容作品的个性有利于快速出位，有利于粉丝大众的迅速认知，有利于保证内容作品的唯一，最大限度地满足粉丝大众的好奇与期待。

2.3.2 为什么要高度垂直化

短视频内容作品的高度垂直化可以让粉丝大众对该短视频平台账号内容作品具有完整、准确、客观、理性的认知，可以帮助短视频平台账号建立与粉丝大众的相互信任，可以有计划、有步骤、系统地向粉丝大众传播讲解该短视频内容作品品类的属性、特点等。短视频内容作品的高度垂直化可以聚焦作品的中心价值，专注于短视频内容作品的深入挖掘与开发，更加细致完善地组建短视频内容作品矩阵，深入地解决粉丝大众对短视频内容作品的需求，解决粉丝大众内心深处的痛点。同时，高度垂直化又可以技巧性地放大粉丝大众的焦虑，加速内容作品输出的营销与变现。持续地高度垂直化定位可以保证短视频内容作品的不断创新，自我迭代挑战，颠覆粉丝大众对原有的固定僵化的短视频内容作品的认知，使内容作品与时俱进。

2.3.3 如何高度垂直

如何让短视频内容作品高度垂直化，具体有以下一些方法。

建立坐标

以短视频内容作品输出的时间与范围为横坐标，以短视频内容作品输出的价值、阶段与空间为纵坐标，为短视频内容作品建立客观公正的坐标系，这样可以使短视频内容作品的输出具有清晰的市场坐标。

精准定位

以坐标系为基础对短视频内容作品进行行业大数据分析和市场研判，找出自身短视频内容作品的优势与劣势，发现短视频内容作品市场的痛点与空间，精准地定位自己所要输出的短视频内容作品。

建立人设

短视频内容作品的精准定位及高度垂直，有利于建立短视频内容作品人设。通过对短视频粉丝用户的画像分析，对短视频内容作品的垂直定位并精准有效地为短视频内容作品打造人设，可以让粉丝大众的期待与短视频内容作品输出保持一致。

明确标签

高度垂直的短视频内容作品定位可以让作品输出明确标签，而内容作品标签化可以使短视频内容作品更容易占据短视频的关键词、行业词等，使粉丝大众通过对短视频标签的认知即可完成对短视频内容作品的认识、了解与信任。

行业特点

依据短视频行业的特点，定位短视频内容作品的输出，并保持高度的垂直，可以让短视频账号在行业内形成相应的影响力与话语权，使短视频内容作品输出逐渐为粉丝大众所接受和喜爱，并成为短视频行业内容作品的KOL（意见领袖），从面推动短视频内容作品的创新与发展。树立短视频行业标杆，形成短视频内容作品的话语权，同时扩大短视频内容作品的应用，衍生短视频内容作品的二次销售，并可建立短视频新品类及新内容作品，从而增加市场营销与变现。

第 3 章

拍出靓片
——短视频拍摄技巧

通常，不少人会有这样的疑问：为什么拍摄相同的短视频内容作品，别的拍摄者拍出的作品就非常精美好看，而自己拍摄的短视频内容作品却不尽人意？其实拍摄短视频内容作品是有一些经验和技巧的。本章将介绍实用的短视频内容作品拍摄技巧。

3.1 色彩的应用

3.1.1 色彩的含义和适合的场景

"色彩"是一个极具力量感的词,很多人会觉得自己的短视频内容作品没有故事感,其中一个很重要的原因就是不会运用工具制作具有丰富色彩的图片。其实色彩是会表达人的一些情绪的。下面给大家介绍一些常见的色彩所表达的潜台词,以及色彩在短视频内容作品中适合的场景。

- 想表现压抑、苦闷以及恐怖的情绪,可以用冷色调。
- 暖色调特别适合表现神秘的气氛。
- 饱和与对比强烈的色彩,可使人心情愉悦。
- 黑白色特别适合表现怀旧的情绪。
- 红色会让人感觉亲切。
- 蓝色会让人感觉冷静。

1. 冷色调营造肃杀感

在很多电影中,我们经常能看到色彩比较偏冷的画面,一般在悬疑片或者恐怖片中较常见,这是因为冷色调能够让人产生冷静、恐怖等感觉,这类影片的环境配合适当的曝光组合就能够很好地烘托气氛,如图3-1所示。

图 3-1

2. 暖色调使气氛缓和且神秘

暖色调经常出现在黑夜画面中。由于人造光或者自然光的影响,暖色调会使画面显得更有反差感。在拍摄作品的时候,我们让有指向性的光线打亮部分环境,让反差更加明显,营造相对应的气氛,如图3-2所示。

图 3-2

3. 饱和的色调让场景更奇幻

在很多电影中，我们经常能够看到各种色彩非常饱和的优美画面，尤其是在一些很奇幻的电影中，这些电影往往与童年的梦境、童话联系在一起，如图3-3所示。

图 3-3

4. 黑白色增加怀旧气氛

电影中常常会有这样的画面，使用黑白的场景来烘托古老年代的怀旧氛围。因为黑白色会淡化色彩，使人只关注画面的光影与人物活动，因此在拍摄时应避免较平的光线，侧光、逆光等都是黑白摄影的一个常用的重要手段，如图3-4所示。

图 3-4

5. 红色使人感到温暖

红色经常会伴随着环境来进行渲染和表现，例如日落、红色的街灯等。红色会给人一种温暖、和蔼、暧昧的感觉，这种色彩在文艺片中经常出现。红色通常在拍摄女性的时候使用较多。在具体拍摄的时候，我们可以借助橙色或红色滤镜，让整个环境都温暖起来，如图3-5所示。

图 3-5

6. 蓝色给人旁观的感受

由于蓝色给人以冷静、干净的感觉，让人更容易以一种旁观的角度去观看相应的短视频内容作品。蓝色色调下的场景往往能给人一种震撼心灵的回味美，如图3-6所示。

图 3-6

3.1.2 色彩的采集

生活中从不缺乏美好的色彩,所以要善于从平凡的事物中去观察和发现,并将原色彩融入设计者的新思维,达到短视频创作的目的。色彩的采集范围相当广泛,要想增加自己的视频色彩感,就要学会借助于民族文化遗产,从一些原始的、经典的、民间原生态的生产生活中寻求灵感,另外也要学会从变化万千的大自然环境中,以及那些优美的异国他乡的风土人情中,各种文化艺术和艺术流派的内容作品中吸取养分,滋养自身短视频内容作品的创作。

1. 对传统色的采集

传统色具有典型的代表性,是一个民族世代相传的色彩特性。科学文化烙印、艺术风格、色彩主调和不同品味等艺术特征均在各个时代所产生的艺术品上精彩展现。

2. 对自然色的采集

自然色丰富、精彩、富于变化,通常向人们展现迷人的色彩,如蔚蓝的海洋、金色的沙漠、苍翠的山峦、灿烂的星光等。

"春有百花秋有月,夏有凉风冬有雪。"有晨、午、暮、夜的色彩,有植物的色彩、矿物的色彩、动物的色彩、人物的色彩等。这些美丽的景色都能引起人们美好的情感。要想拍摄精美的画面,就要长期致力于对大自然色彩的观察与研究,对各种自然色彩进行提炼、归纳、分析、整理,从自然界中捕捉灵感并进行开拓创新。许多优秀的摄影艺术家已拍摄出无数精彩美妙的视频作品。

3. 对民间色的采集

民间色,顾名思义,是指民间艺术作品中体现出来的色彩,例如,剪纸、刺绣等。这些作品的色彩通常以淳朴、自然而引人注目。

4. 对图片色的采集

图片色是指各类印刷品上的色彩。无论是城市的街景还是大自然万物的景象,都可以成为采集的对象。无论图片的形式和内容怎样,只要色彩美,就值得借鉴,就可以作为短视频内容作品创作采集的对象。

几种色彩的示意图如图 3-7 所示。

色彩的采集

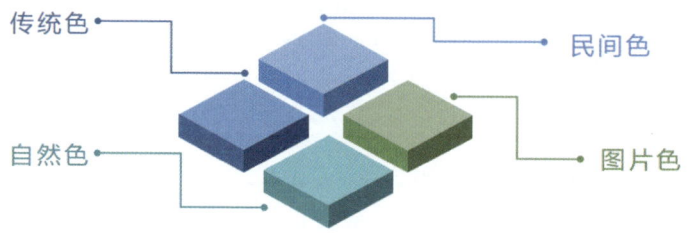

图 3-7

▶ 3.1.3 色彩的对比

对比主要用于突出物体色彩的差别。在视频色彩关系上，有强对比与弱对比之分。比如红与绿、蓝与橙、黄与紫三组补色，是最强的对比色。对比色中加入等量的白色，明度提高但纯度则相应减弱，如加入等量的黑色，就会减弱其明度和纯度，形成弱对比。

1. 色相对比

各种色相之间的关系有很多种，如相邻色、对比色、互补色等。这种对比，可以使原来的物体看起来更加不平凡，加强了视觉冲击，起到渲染某种氛围的效果，如图 3-8 所示。

图 3-8

2. 明度对比

明度对比可以让物体对象呈现出不同的效果，其所包含的因素比较复杂，如色调效果便会受明度对比因素影响。为取得画面的均衡，不能将明度强的或弱的色彩集中到画面的某一边或某一部位，需要经过色调的交替，使画面通过对照、呼应的方法达到均衡、统一的效果。

图 3-9 所示是一幅黑白版画，画中黑色与白色的对比既突出又单纯，体现的是一种优美安详的体态。明度对比与感情表达也有直接的关系。有些明度的对比会使物体看上去富有生气，例如高明度和低明度的对比，所以，在绘画作品中，明暗对比可以使作品呈现出视觉和心理上的特殊效果。

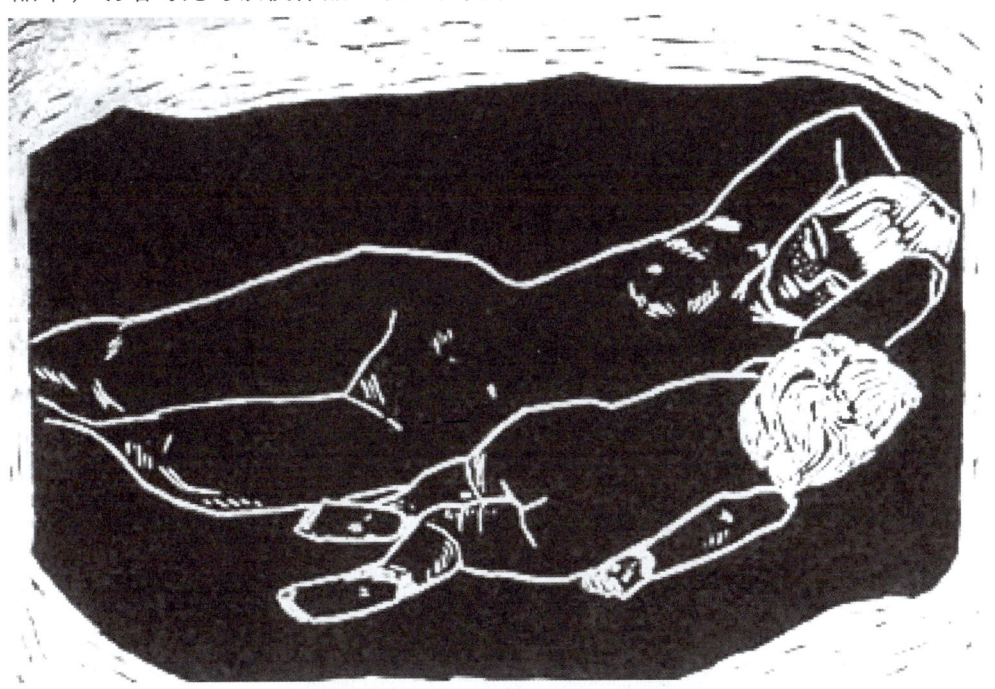

图 3-9

3. 纯度对比

纯度对比是指色彩的鲜明与混浊的对比。一般衬托色如果用的是低纯度色，会使鲜明色更加引人注目。但是红色和绿色两种对比色在纯度相同、色面积类似的情况下并列对比，效果反而会减弱。

4. 冷暖对比

色彩的冷暖感是来自人的生理和心理的感受。由于人对其感受不同，色彩要素中的冷暖的对比能发挥出色彩的感染力。当然，色彩的冷暖是相对的，其往往是通过对比体现出来的。冷暖对比可以有不同的表现形式，一般情况下主体物和背景环境会采用不同冷暖的表现来突出主体。

5. 面积对比

面积对比是短视频内容作品创作中的关键因素之一，一般采用的是平面色块的呈现方式。通过色块的穿插，达到一种特别的、有节奏感的画面效果。

3.2 构图方法

在摄影中，常听到"构图"这个概念。构图是对画面元素的一种组织形式，好的构图可使画面看起来更加协调和完整，能更好地凸显主题。在短视频拍摄过程中，构图非常重要，通过对产品的摆放和对相机或摄像设备的合理应用，对点、线、面、光线、空间等进行合理的布局，可以更好地完成短视频内容作品的构图。

最经典的构图方式是"黄金分割"，这种构图方式不是将物体放在画面的中心对称位置，而是将被拍摄的短视频内容产品放在黄金分割点上，以吸引观众的注意力。黄金分割的比例为1.618:1，这种构图方式营造出来的氛围很和谐，如图3-10所示。

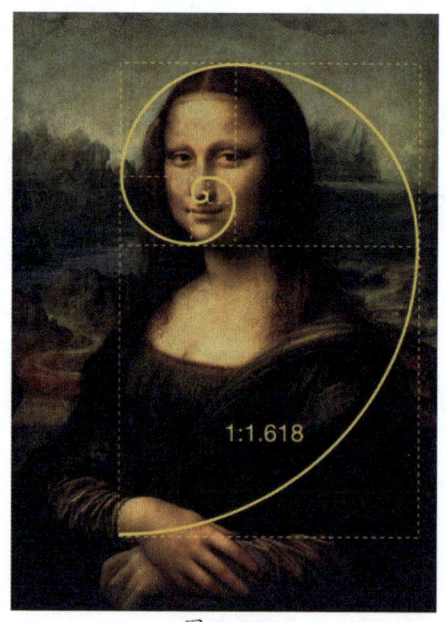

图 3-10

但是，黄金分割法这种构图方式在实际运用中并不容易。人们在实践中总结出的九宫格构图法，也就是三分法，让黄金分割更加简便明了，如图3-11所示。从图中可见，画面被均分成九个方格，上、下、左、右四条边均被分成三等份，把对应的点分别用直线连接起来，可以在画面中形成一个"井"字，"井"字的四个交叉点就是黄金分割点，各条分割线就是黄金分割线。在进行拍摄时，一般将想要重点展示的部分，放置在各黄金分割点上或黄金分割线附近，在这些黄金分割点中，尤以右上方的分割点位置最佳。

图 3-11

▶ 3.2.1 常见的构图方法

除了黄金分割法，常见的构图方法还有很多。在此为大家介绍几种在短视频内容作品拍摄中常用的构图方法。

1. 均分法构图

均分法构图指将被拍摄主体放置在画面的中间，上下左右基本上保持对称，以便突出主体，使得整个画面看起来很稳定。一般当我们单独展示某个产品时，通常会采取这种构图方式。当然，适合用这种构图方式的产品本身基本上也是对称的，如图 3-12 所示。

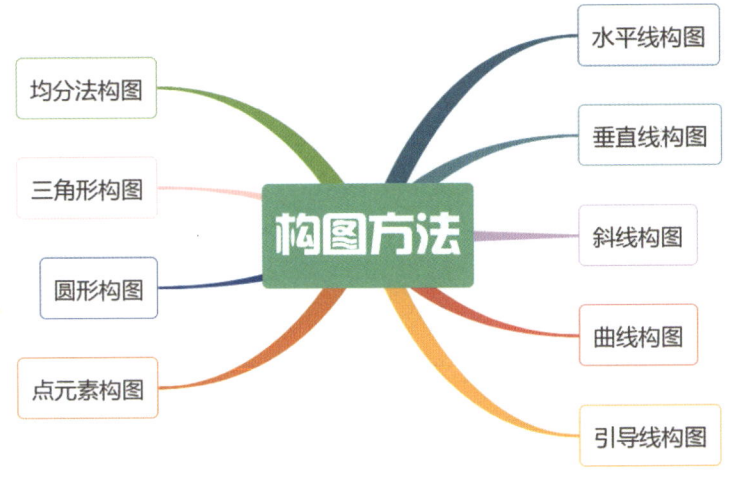

图 3-12

2. 三角形构图

线条的组合可以构成面,而面可以表现的范围更大、整体感更强,在短视频构图中更接近物体自身。

三角形构图也是一种常见的构图样式。三角形结构稳定而均衡,在构图中采取这种方式,可以突出主体,在观众的心理上产生一种安全感。在这种构图样式中,如果三角形是正放的,会有稳固、安定、静默、稳重的感觉;如果三角形是倒放的,则正相反,将引起不稳定、不安定的感觉;如果三角形是斜放的,则可以引起冲击、突破、前进等动感。构图不一定都采用正三角,有时也会用斜三角形和倒三角形,尤其是斜三角形构图方式用得比较多。在短视频内容作品拍摄过程中,一般在配合模特展示产品时,常采用这种构图方式,如图 3-13 所示。

图 3-13

3. 圆形构图

圆形构图以其圆满、饱满和充满质感的视觉效果取胜。采用这种构图方式时,拍摄主体常被放置在画面的中间部分,观众的视觉焦点一般在圆心位置。拍摄项链或者成套的餐具时,常采用这种构图方式。除了物体本身形态偏向圆形,也可以将产品摆拍成圆形,以达到更好的展示效果。

在圆形构图中,如果出现一个集中视线的趣味点,那么整个短视频内容作品画面将以这个点为轴线,产生强烈的向心力。采用圆形构图时,除了物体自身形状是圆形外,还可以考虑将物体摆放成圆形,比如把项链摆放成圆形等。另外,圆形构图还经常在多件产品组合中采用,这时我们可以通过构图来实现对外形的二次设计,如图 3-14 所示。

图 3-14

4. 点元素构图

点是画面元素中的基本元素,点元素构图一般会结合黄金分割法使用。将点安排在画面中的重要位置,有时能够很好地突出主题。这里的点并不一定是指一个小点,主要是指相对于背景和画面中的其他元素,点元素很明显且突出,如图 3-15 所示。

图 3-15

5. 水平线构图

水平线原本是指向视线的水平方向看去,天和水的交界线。与之类似的构图方式统称为水平线构图。短视频内容作品拍摄时常常遇到的情景有:坐在沙滩上静静地远眺大海;行走在一望无际的大草原上;熟透了的麦田;蝴蝶飞舞的花海等。水平线是线条中最常见的一种,水平线构图最大的特点是画面格外的开阔,视觉效果比较平静。在使用水平线构图时,要尽量保持图画中水平线的平稳,避免由于水平线的倾斜造成视觉上的失衡,如图 3-16 所示。我们在拍摄短视频内容作品时,特别是在某个单一短视频内容作品的室内纯色背景的情况下进行拍摄时，一般不会采用水平线构图，这是因为单一的水平线构图会显得空旷和不稳定，缺乏立体感。

图 3-16

6. 垂直线构图

在构图时，垂直线与水平线的作用基本类似。垂直线构图传达给人一种安静、稳定的情绪。垂直的线条象征着庄严、坚强、有支撑力，传达出一种永恒性。

在自然界中，很多物体、景色都具有竖线形状的结构。垂直线是向上、向下方向延伸的线条，在短视频内容作品拍摄中，如果某一种产品是中心均分法构图，我们经常采用垂直线构图，特别是具有一定高度的立方体形态的产品，例如盒装商品、瓶装商品等。在构图时如果用多条垂直线，有时会出现很有张力的艺术效果，如图 3-17 所示。

图 3-17

7. 斜线构图

斜线具有动感，能够令人激动，可增加构图的气势。当具有斜线的形状在画面中重复出现时，会使短视频内容作品更具神韵，引起粉丝大众的兴趣。我们在拍摄短视频内容作品时很少使用单一的水平线进行构图，经常都会使用斜线构图。斜线构图，对角线分明，也符合人们的视觉习惯。

斜线构图还能够增强构图的空间感和透视感，特别是在拍摄制作单一产品时，使用斜线构图的效果会非常好。在作品展示中，不论是整体展示还是细节展示，斜线构图都得到了广泛的应用，如图3-18所示。

（a）

（b）

图3-18

8. 曲线构图

构图时会经常提到曲线构图，这种曲线看着比较舒服，类似字母S或者字母C，所以也被大家简称为S形构图或者C形构图。曲线构图不但变化多端，而且表达情感强烈、造型能力极强。

曲线构图是较容易掌握的一种摄影摄像构图方法，并且在日常生活中也很容易发现素材。典型的 S 形构图，像是两个圆的局部连接起来，具有柔性、飘逸、摇摆的感觉，特别适合表现首饰（如项链）等产品的特性。还有一些折线构图，虽然不是 S 形，但也接近 S 形构图的特性，只是柔性相对较弱一些，和 S 形的素材具有很多相同的特性。C 形曲线构图的表现力来自线条的弧度，弧度越明显，张力就越大，因此其重点在于弧度与力度的展现。C 形曲线构图的动感和力量感要强于 S 形曲线，如图 3-19 所示。

图 3-19

9. 引导线构图

引导线构图方法，就是利用画面中的线条引导粉丝大众的目光，让粉丝大众的目光最终可以汇聚到画面的焦点。当然引导线并不一定是具体的线，只要是有方向性的、连续的，我们都可以称之引导线。在现实生活中，道路、河流、整齐排列的树木、颜色、阴影甚至是人的目光，都可以当作引导线使用，如图 3-20 所示。

图 3-20

3.3 巧借他物

拍摄单调的事物时,可以运用一些小道具和一些简单的手法来增加短视频的意境美。如图 3-21 和图 3-22 所示,就运用了手机镜面反光的特效来创造出水面的特效。

图 3-21

图 3-22

3.4 使用滤镜

滤镜主要用来实现视频图像的各种特殊效果。拍摄短视频时常因为天气原因,导致视频画面色彩暗淡、毫无生机,这时,滤镜的合理添加将对视频整体效果起到至关重要的作用。如图 3-23 所示,拍摄的景物原本曝光过度,在添加滤镜后画面变得很美了。

（a） （b）

图3-23

3.5 短视频制作APP

随着短视频在互联网上越来越火，拍摄短视频群体的定位也从专业变为大众，拍摄的短视频内容作品也越来越被大众所接受。借着短视频大众化的契机，短视频制作APP也层出不穷。下面通过制作"偷走你的影子"短视频内容作品给大家介绍一款常用的短视频剪辑制作APP——剪映。

准备材料：剪映APP、两个小物件（例如花瓶和花，本书使用两个小摆件）、灯光（推荐使用单灯珠光源，灯珠太多会使影子杂乱，拍摄出的效果较差，如果找不到好的光源可以使用太阳光或者手机的手电筒作为光源）、手机（拍摄短视频及使用剪映APP）、手机固定支架（用于固定手机，以拍摄出稳定不抖动的画面）。

拍摄步骤：

步骤1 摆放好小物件和灯光，调整并固定好光源的位置，让灯光下物件的影子尽可能优美。调整物件位置是要"被偷走影子"的物件的影子底部正好被另一物件遮挡一部分（如果不进行遮挡，"偷走影子"时将会有一部分影子不能被"偷走"）。

步骤2 摆放好手机支架和手机。将手机安装在手机支架上，打开手机相机，切换到视频拍摄模式，依据镜头显示的内容，调整并固定好拍摄短视频的手机支架的位置，使手机能完整且清晰地拍摄到两个物件及其影子。

步骤3 拍摄"偷走影子"原视频。一切准备就绪后，单击"拍摄"按钮，将手缓缓伸向"被偷走影子"物件的顶部，抓住顶部后，缓缓提起物件，移出镜头之外，此时即可结束短视频拍摄（在抓取物件时一定要抓取物件顶部，这样方便后期的剪辑处理）。

步骤 4　使用剪映 APP 编辑原视频。打开剪映 APP，点击"开始创作"，选择刚刚拍摄的短视频文件，再点击底部的"添加到项目"，如图 3-24 和图 3-25 所示。点击"视频轨"，在底部跳出的功能栏中找到"定格"功能，点击"定格"，此时视频文件被分为两段，如图 3-26 所示。我们不需要后半段视频文件，所以在视频轨上选中后半段视频，点击底部功能栏中的"删除"，将后半段视频删除，如图 3-27 所示。

图 3-24

图 3-25

图 3-26

图 3-27

步骤5 使用剪映APP添加画中画。在删除视频文件后,剪映APP会自动跳回主界面,如果没有返回,可单击界面空白部分返回。在主界面底部功能栏中找到"画中画"功能,点击"画中画",再点击"新增画中画",如图3-28所示。选择刚刚拍摄的视频文件,再点击底部"添加到项目",如图3-29所示。如果此时添加的视频轨未与之前的视频轨对齐,可通过长按当前视频轨拖动来改变位置,如图3-30所示。添加视频文件后,会发现当前视频画面小于之前的视频画面,我们通过手动控制将其缩放到与之前视频画面相同的大小,如图3-31所示。

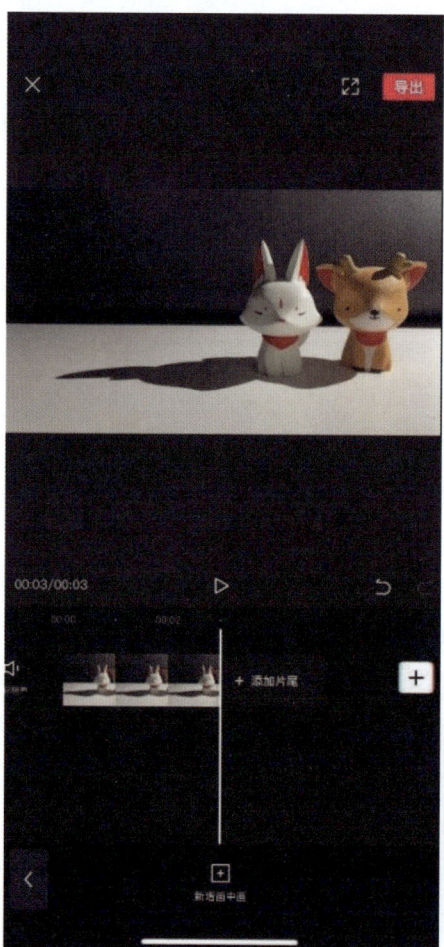

图 3-28

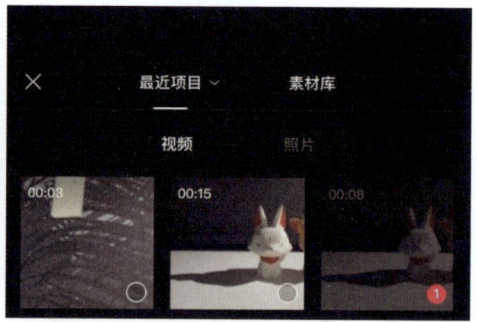

图 3-29

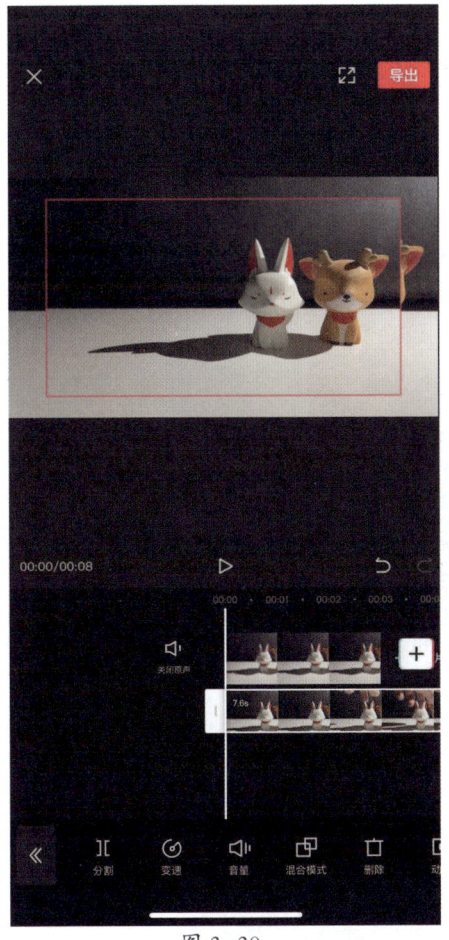
图 3-30

图 3-31

步骤 6 使用剪映 APP 蒙版功能。点击在"画中画"功能中添加的视频文件,在底部功能栏上找到"蒙版"功能,点击其中的"线性",如图 3-32 所示,调整蒙版至"被偷走的影子"能正好显示出来,但手不会显示的位置,调整完成,即可点击右下角的勾❤确定。单击画中画视频上面的视频轨,拖动视频末尾至合适位置。单击页面中间的播放按钮▶,试看整体效果。观看完毕,确认没问题后,单击左下角返回按钮❮返回主界面。

步骤 7 使用剪映 APP 为视频文件添加音乐。在主界面点击视频轨左边的"关闭原声",如图 3-31 所示,再在底部功能栏中找到"音频"功能,点击"音乐",在"添加音乐"页面中找到合适的音乐,点击该音乐并选择"使用"命令,如图 3-33 所示。音乐选择完成后,点击"播放"按钮,试看短视频的播放效果,如图 3-34 所示。

图 3-32　　　　　图 3-33　　　　　图 3-34

步骤 8 使用剪映 APP 导出短视频文件。短视频文件制作完成后，点击右上角的"导出"按钮，选择合适的分辨率和帧率，如图 3-35 所示，点击"确认导出"，便可开始导出短视频文件。导出结束后点击"完成"按钮，如图 3-36 所示，"偷走你的影子"短视频文件就制作完成了。

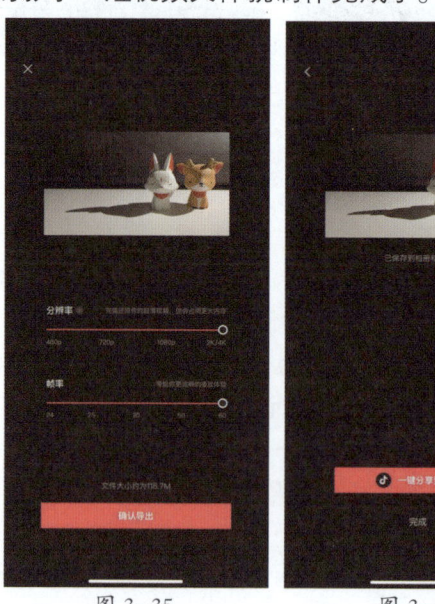

图 3-35　　　　　图 3-36

3.6 创意拍摄

摄影被称为艺术，是因为摄影具有艺术特性。创意摄影打破传统摄影思维条条框框的束缚，常常与其他艺术形式、艺术元素相结合，增加了摄影图片的灵性与气韵，更具有艺术欣赏性与艺术感染力。创意摄影通常需要对图像进行拼贴、重组、置换、合成，对视觉画面进行再创造，展现出的画面效果常常会充满科幻的味道，如图 3-37 和图 3-38 所示。

图 3-37

图 3-38

3.7 录屏拍摄

我们经常会在手机上看到一些很想保存的短视频内容，但是当准备录制的时候，又会错过了精彩的瞬间，这时手机的"屏幕录制"功能就给我们提供了一个很好的解决方案。录屏拍摄短视频，通常有下面两种方法（我们以华为手机 nova 7 Pro 为例）。

方法1：使用"屏幕录制"功能

步骤1 打开华为手机，界面如图3-39所示，将手机界面上部的菜单栏滑下。

步骤2 选择菜单栏的"屏幕录制"功能开始录制当前屏幕的内容，如图3-40所示。

步骤3 点击左上角的麦克风图标，结束录制，如图3-41所示。

步骤4 结束录制后，就能在相册里看到录制的视频了，如图3-42所示。

方法2：使用"组合键"进行录屏

步骤1 进入到需要录屏的界面。

步骤2 同时长按手机的"音量上键"和"电源键"，开始录制视频。

步骤3 开始录制后，松开"音量上键"和"电源键"，待录制结束后，长按手机的"音量上键"和"电源键"，结束录制。

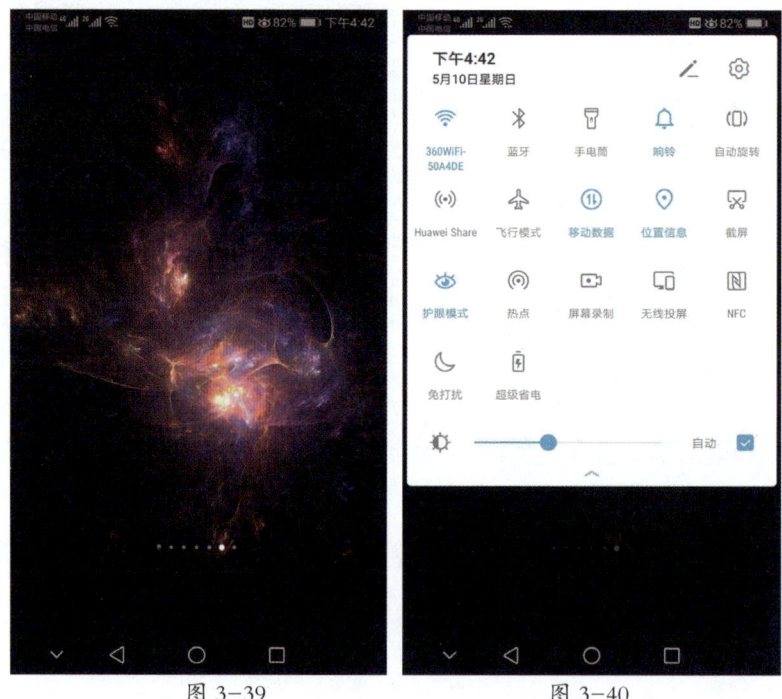

图3-39　　　　　　　　　图3-40

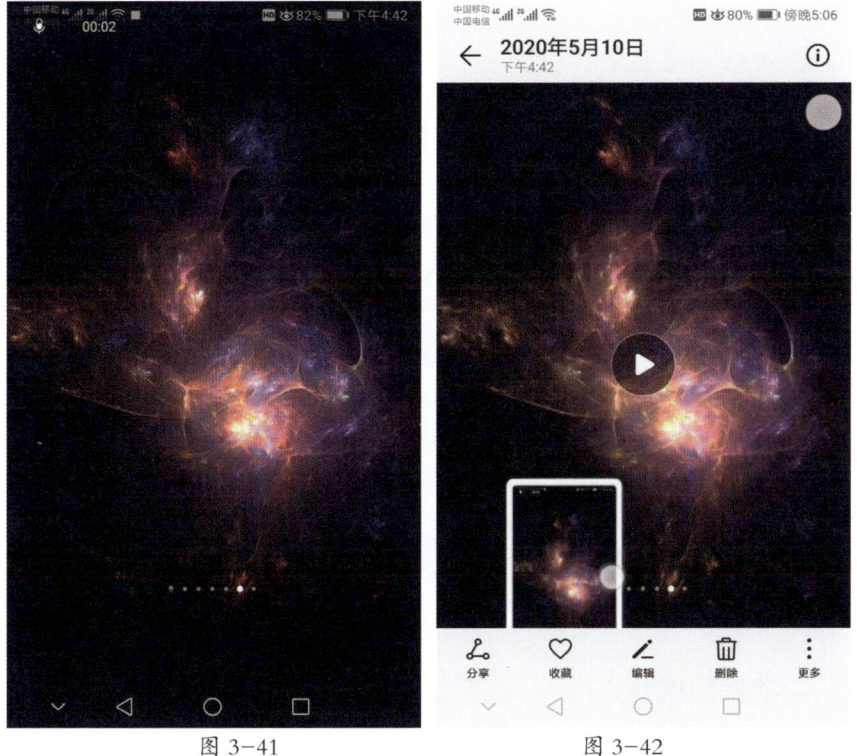

图 3-41　　　　　　　　图 3-42

3.8 运镜技巧

1. 定机位运镜

（1）摇（Pan）。将摄像机水平地从左向右运动，常用于跟踪视频中被拍摄的主体，或显示两个对象之间的距离。如，想象一下，镜头前从左到右是一条长长的公路，这时汽车轰鸣声传来，接着汽车潇洒地开去，然后镜头从左向右摇动，留下一串尾烟，这就是"摇"的运用。

（2）俯仰（Tilt）。将摄像机向上或向下倾斜，但是机身位置不发生变化。通过这种方式，粉丝大众更能感受到短视频中被拍摄主体的高大威武，或是弱小可怜。

（3）升降（Pedestal）。将摄像机固定于摇臂上，进行竖直方向上的升降运动，在这个过程中，摄像机镜头不发生俯仰或是摇移的变化。

2. 摄像跟机移动运镜

（1）推拉（Dolly）。摄像机固定于滑轨、稳定器等上方，作迎面而来或远离被拍摄主体的运动。

(2) 稳定跟随（Floating Stabilizer Device）。采用稳定器等辅助设备来拍摄一些跟随镜头，增加观众的现场代入感。

(3) 俯冲(Crane/Boom)。摄像机从高处(鸟瞰视角或上帝视角)向下方移动，摄像机在俯仰轴上旋转，最终呈现与视线水平的角度。此方法多用于跟随拍摄被拍摄主体的运动。

(4) 手持（Handheld）。不借助于任何外部设备，单纯手持或肩抗摄像机来进行视频的拍摄。

3. 摄像机镜头运镜

(1) 变焦缩放（Zoom）。摄像机的镜头焦段在广角和长焦端之间变化，增强画面的动感，突出视频中被拍摄的主体。

(2) 焦点转移（Rack Focus）。在大光圈带来的虚化场景下，摄像机的焦点从一点转移到另一点，从而引导观众视线跟随焦点移动。

3.9 布光展现

摄影也叫作光与影的展现，所以光线对于摄影的重要性可想而知。以拍摄产品为例，在实际拍摄过程中，由于被拍摄产品对形、色、质方面的特殊需求，以及自然光源的不可控制，我们常常需要通过人造光源来布光。人造光源不仅要亮度充足，而且需要稳定输出，不悖于自然，还要与自然光源效果相仿，因此，对设备以及拍摄技巧的要求较高。在拍摄产品时一般选用影室灯进行照明。影室灯通常分为持续光源和瞬间照明两类。日常生活中常见的灯光便是持续光源。我们俗称的节能灯，就是最常见的持续光源。持续光源影室灯适合短视频创作初学者，其价格低廉、易于操作，适合小件产品的拍摄。影室灯为三基色灯，其成本低、热量小、亮度高，非常实用。但是三基色影室灯与家用三基色灯又有着本质上的区别，影室灯的功率高、色温更接近于阳光的色温，使用时通常是几个灯泡串联，如图3-43所示。

图 3-43

除了三基色灯外,在短视频拍摄时用到的持续光源影室灯还有卤素灯和 LED 灯等。卤素灯的色温属于黄光,一般用来进行装饰或者衬托,其缺点是温度较高,为避免烫伤,有时需要用到柔光箱。LED 灯是英文发光二极管(Light Emiffing Diode)的缩写。

与持续光源不同,瞬间照明使用的大多是闪光灯。其优势是可以达到自然阳光照射下的效果,另外光源输出很稳定,适合对同样的产品多次拍摄。瞬间照明影室灯分别由闪光灯和造型灯这两个部分组成。

造型灯实际上是一种持续光源,一般是石英灯或白炽灯等,如图 3-44 和图 3-45 所示。闪光影室灯在市场上的价格差别很大,在选购时要特别注意"闪光指数"这个指标,其单位是 GN。闪光指数是反映闪光灯功率大小的重要指标之一,二者成正比。一般情况下,我们进行拍摄时,不像专业摄影要求那么高,因此在选择闪光影室灯时只需要关注闪光灯的功率即可。此外,在使用过程中,一般要给闪光影室灯的灯头部加装灯罩,起到对光源的聚集作用。

图 3-44

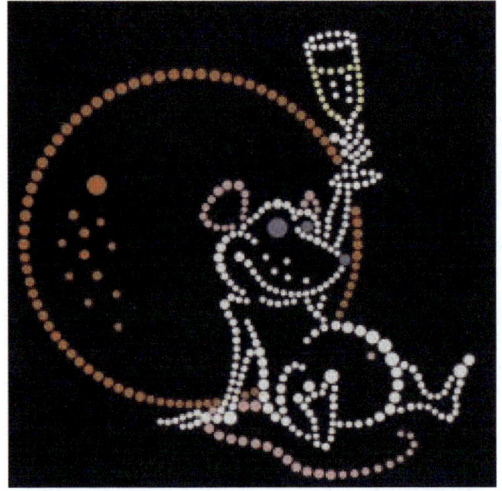

图 3-45

第 4 章

助力神器
——常用短视频剪辑制作工具

优秀的短视频内容作品,除了优质的文案创意及精心地拍摄,还离不开优秀的剪辑。剪辑师借助相应的剪辑软件,认真地对各种短视频素材进行剪辑,并使用相应的剪辑技巧和背景音乐为短视频内容作品的完美呈现增光添彩。

4.1 剪映工具制作实例示范

▶ 4.1.1 下载安装剪映 APP

通过智能手机应用市场,下载安装剪映 APP(以安卓手机为例),如图 4-1 所示。

图 4-1

步骤 1 打开手机的"应用市场",搜索"剪映",如图 4-2 所示。
步骤 2 进入剪映 APP 详情页,点击"安装",如图 4-3 所示。

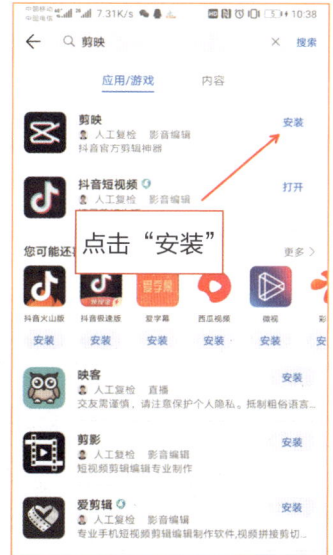

图 4-2　　　　　　　图 4-3

▶ 4.1.2 登录剪映账号

安装好剪映 APP 后，首先进行账号的登录。

步骤 1　进入剪映 APP，点击右下角"我的"，如图 4-4 所示。

步骤 2　点击"抖音登录"，如图 4-5 所示。登录完成后会显示登录成功信息。

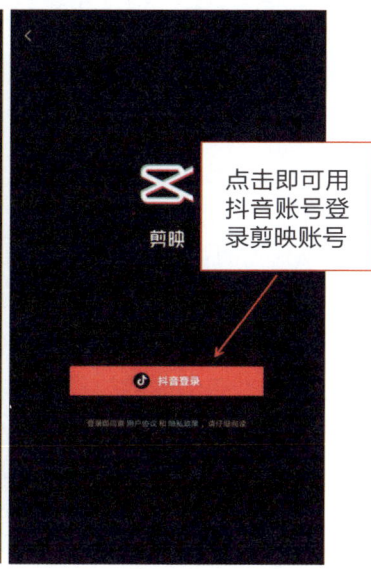

图 4-4　　　　　　　图 4-5

▶ 4.1.3 编辑资料

步骤1　登录成功后就可以在"我的"里查看自己的详细信息,如图4-6所示。

步骤2　点击"编辑资料",在弹出的"编辑资料"界面修改"昵称"、查看"剪映号""性别"及编辑"个人简介",如图4-7所示。(注:上述资料可以同步到抖音APP)

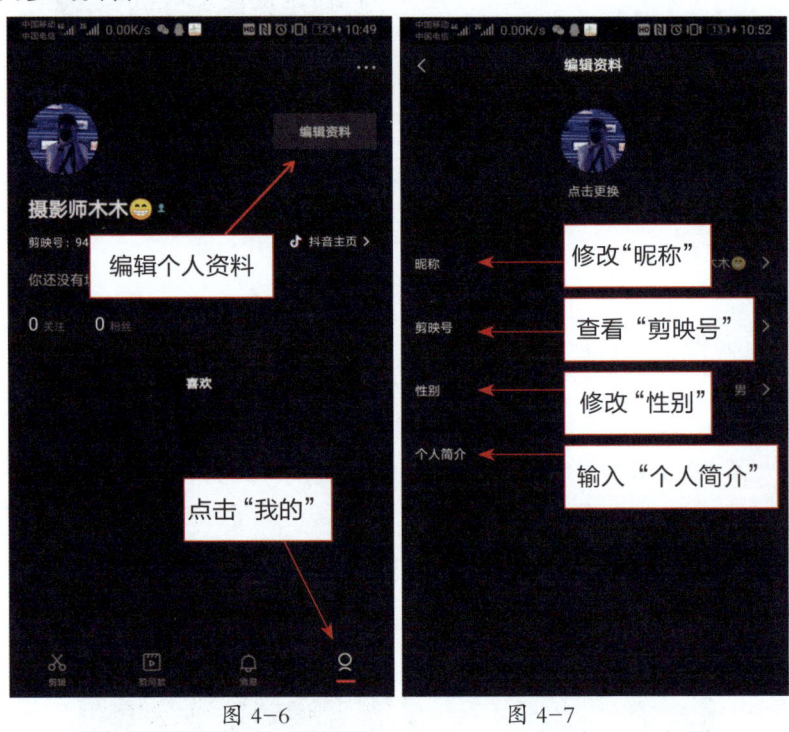

图 4-6　　　　　图 4-7

▶ 4.1.4 剪映APP的主要功能

通过剪映APP可以对短视频进行编排和剪辑,具体说明如下:
「切割」快速自由分割、剪切短视频。
「变速」可以0.2～4倍倍速调整短视频播放素材。
「倒放」可有时间倒流的效果,即短视频倒叙播放。
「画布」设置短视频画面比例。
「转场」支持交叉互融、闪黑、运镜、特效等多种效果。
「贴纸」具有独家设计的手绘贴纸功能。
「字体」可设置多种风格的字体、字幕、标题。

「语音转字幕」可自动识别语音，一键给短视频添加字幕。
「抖音音乐收藏」可收藏喜欢的抖音热门音乐。
「曲库」具有在线的海量音乐曲库。
「变声」拥有普通话常规音、萝莉、大叔、怪物等变声特效。
「滤镜」拥有多种高级、专业的短视频风格滤镜。
「美颜」可智能识别脸型，开启专属美颜功能。

▶ 4.1.5 剪辑创作短视频

步骤 1　注册完成并了解了剪映 APP 的功能后，就可以点击"开始创作"进行短视频创作了，如图 4-8 所示。也可以使用剪映 APP 的功能"剪同款"直接套用热门的短视频模板进行创作。

步骤 2　点击"开始创作"之后，在弹出的界面中选择任意一个短视频素材，然后点击"添加到项目"将视频素材导入项目，如图 4-9 所示。

步骤 3　导入素材后，将看到界面下方的菜单栏中有一系列的操作可供选择。利用这些操作可以对短视频素材进行剪辑，通常包括剪辑"画面"、插入"音频"、添加"文字"、添加"贴纸"等，如图 4-10 所示。

步骤 4　点击"关闭原声"关闭短视频中原来的声音，如图 4-11 所示。

图 4-8　　　　　　　　图 4-9

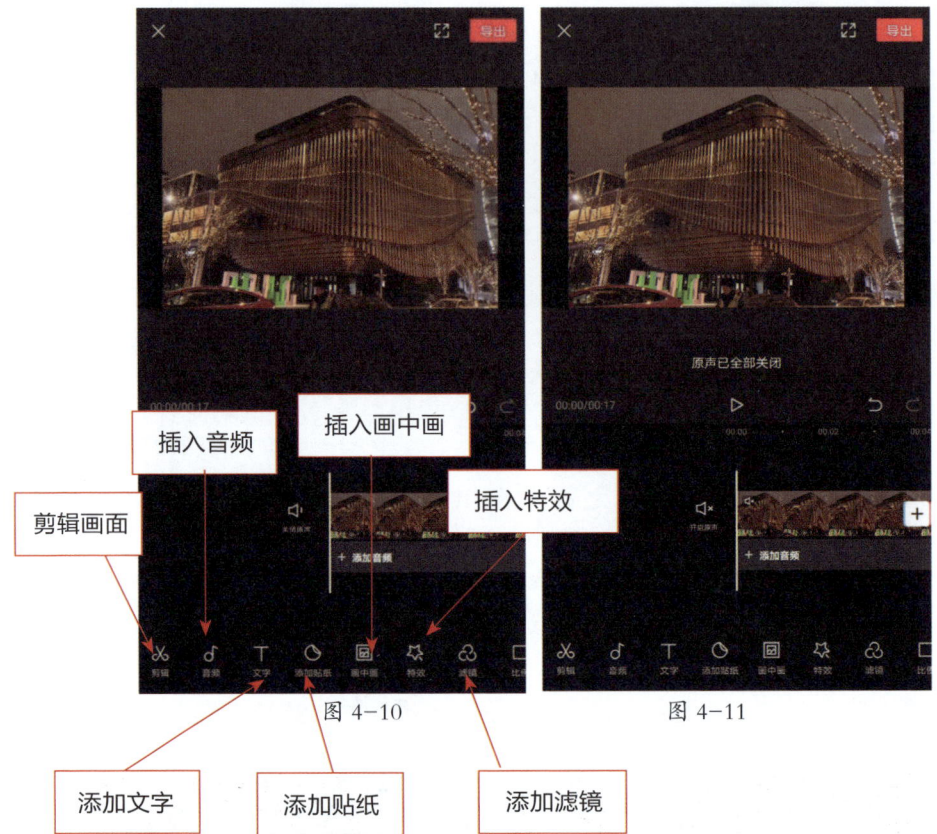

图 4-10　　　　　图 4-11

步骤 5　点击"添加音频"给短视频加一首音乐，如图 4-12 所示。

步骤 6　选择一首音乐歌曲，比如：选择"网易云_后来遇见他_是你"，点击"使用"，如图 4-13 所示。

步骤 7　拖动音频到 13 秒处，点击"剪辑"→"分割"，对多余的短视频素材进行分割，如图 4-14 所示。

步骤 8　选择多余的短视频素材，点击"删除"，删除多余短视频，如图 4-15 所示。

步骤 9　把短视频素材移到最左侧，点击"特效"→"开幕"，如图 4-16 所示。

步骤 10　给短视频添加文字，点击"文字"→"识别歌词"，如图 4-17 所示。

步骤 11　选择短视频素材最后一段片尾，点击"删除"，删除最后一段空白素材，如图 4-18 所示。

图 4-12

图 4-13

图 4-14

图 4-15

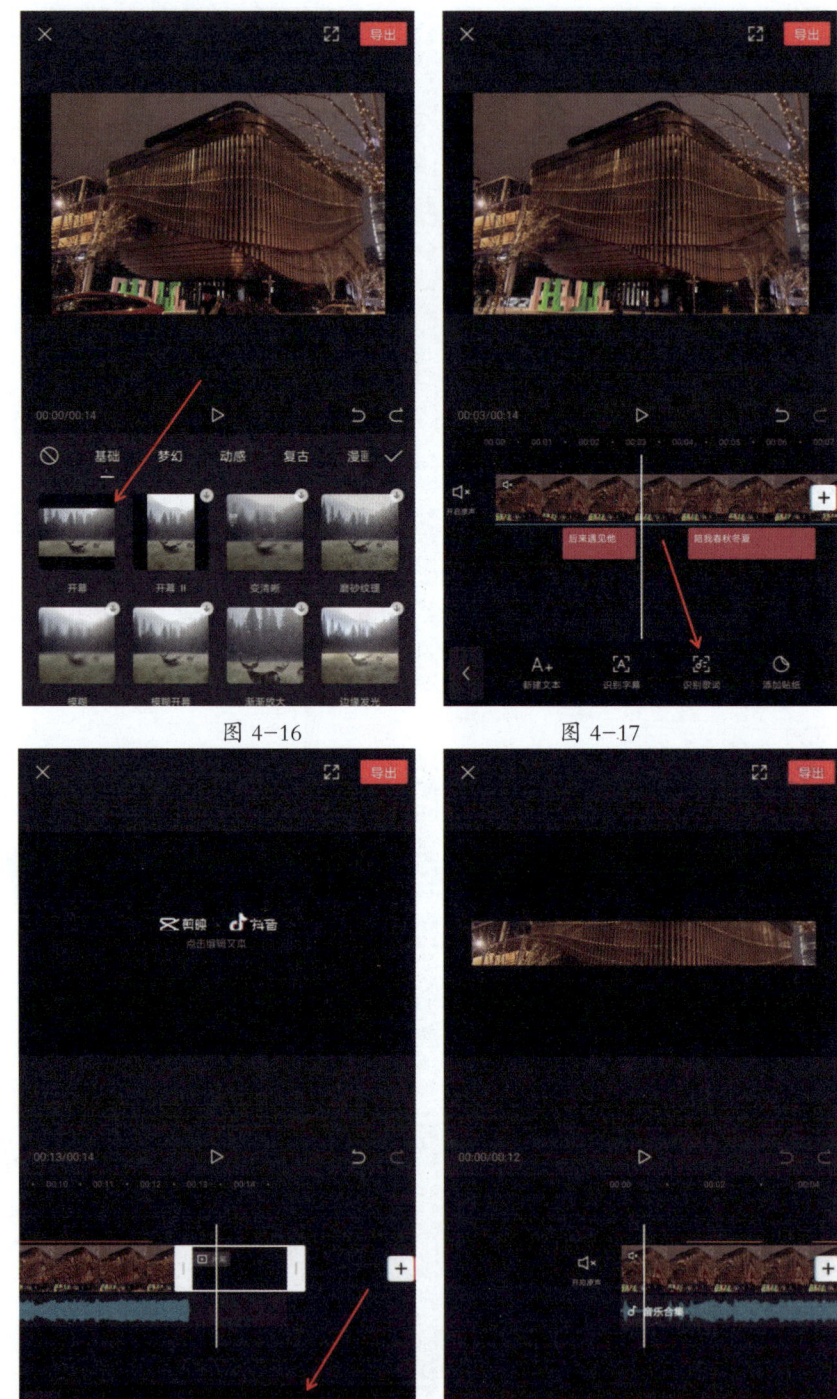

图 4-16　　　　　图 4-17

图 4-18　　　　　图 4-19

▶ 4.1.6 导出视频

所有编辑完成后，效果如图 4-19 所示，点击右上角的"导出"进行短视频的导出，在弹出的界面中选择分辨率为"1080p"，选择帧率为"30"，完成后点击"导出"，将短视频保存到相册，如图 4-20 所示。也可以选择"一键分享到抖音"，如图 4-21 所示。

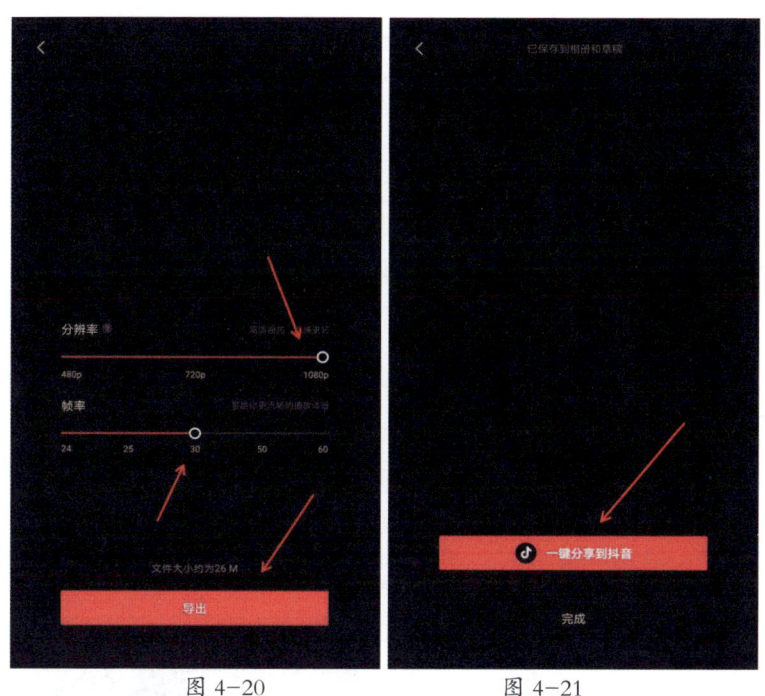

图 4-20　　　　　　　图 4-21

总结：剪映 APP 是一款很简洁的短视频剪辑工具，拥有添加贴纸、边框、文字及背景音乐等功能，而且使用免费。

4.2 逗拍工具制作实例示范

▶ 4.2.1 下载安装逗拍 APP

在智能手机应用商城中下载并且安装逗拍 APP（以安卓手机为例），如图 4-22 所示。

图 4-22

4.2.2 注册逗拍账号

步骤 1　运行逗拍 APP，界面如图 4-23 所示，点击"同意"进入逗拍首页。

步骤 2　点击逗拍首页右下角"我的"进入账号设置界面，如图 4-24 所示。

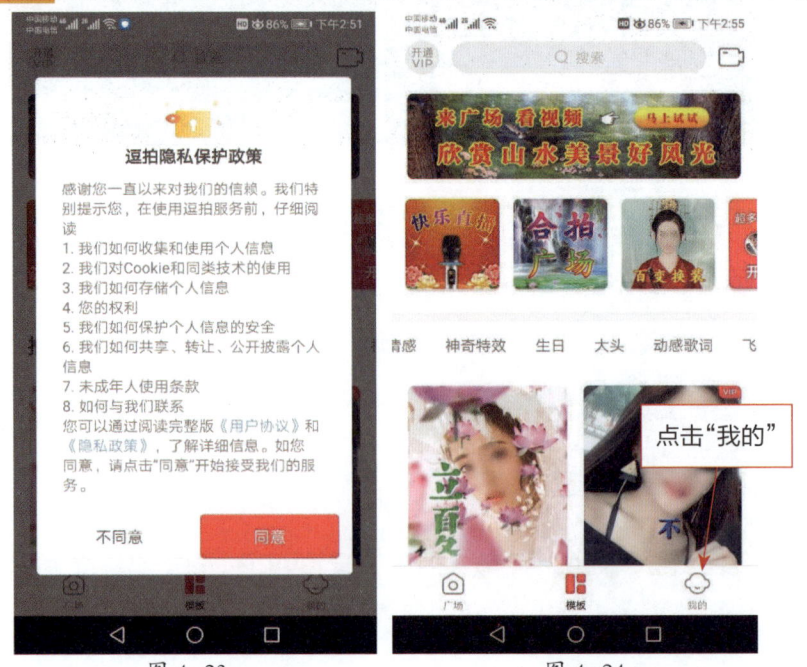

图 4-23　　　　　　　　　图 4-24

步骤3 在账号设置界面选择"点击注册/登录"命令，如图4-25所示。
步骤4 在弹出的界面中点击"手机登录"将手机号码与账号进行绑定，如图4-26所示。
步骤5 在弹出的界面中输入手机号码和密码，如图4-27所示，或者点击"验证码登录"进入验证码登录界面，如图4-28所示。

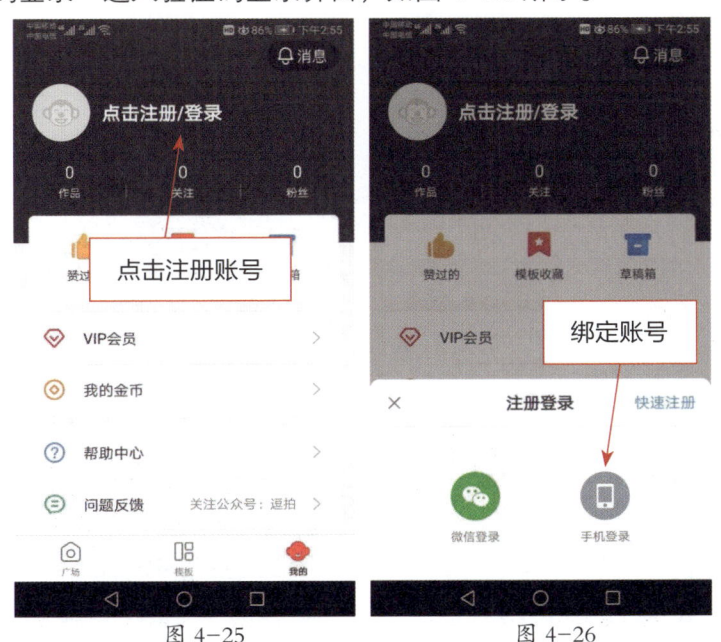

图4-25　　　　　　图4-26

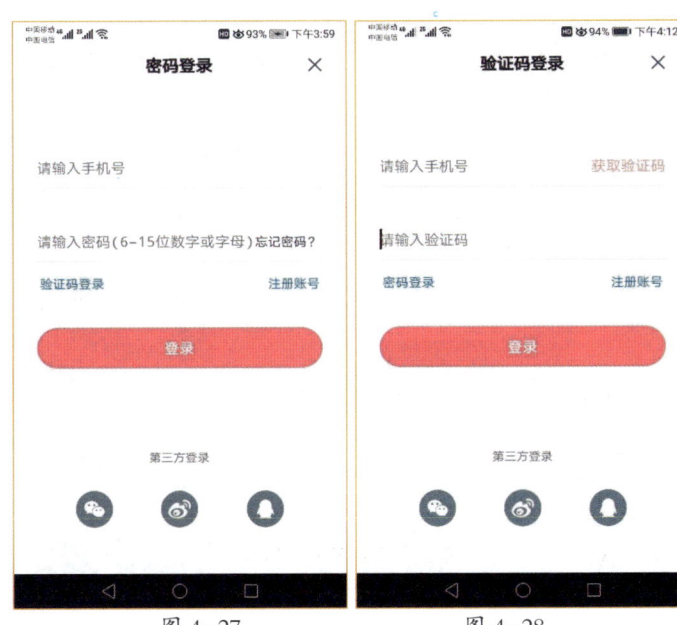

图4-27　　　　　　图4-28

4.2.3 制作剪辑视频

步骤 1　打开逗拍 APP，点击首页右上角的 ▭，如图 4-29 所示。
步骤 2　在弹出的界面中选择"剪辑视频"命令，如图 4-30 所示。
步骤 3　选择需要剪辑的短视频，将其添加到逗拍中，如图 4-31 所示。
步骤 4　在弹出的界面中确定需要剪辑的短视频片段，点击"添加"将弹出如图 4-32 所示的界面。

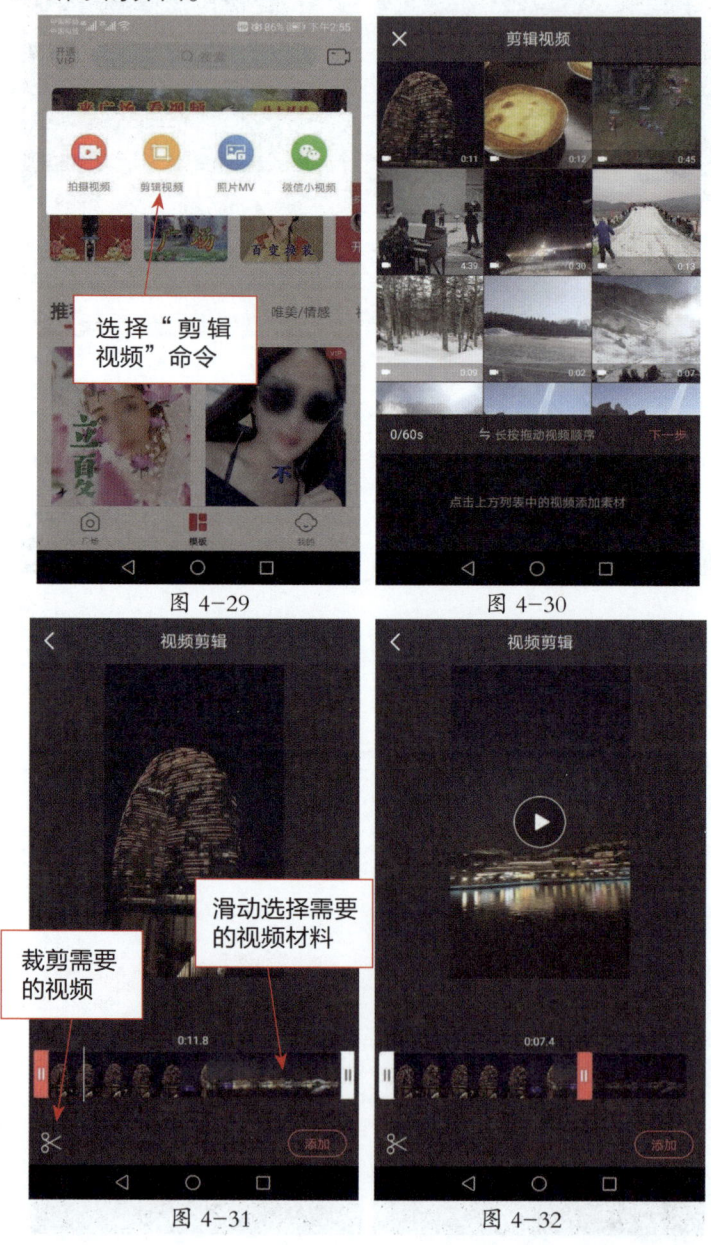

图 4-29　　　　　图 4-30

图 4-31　　　　　图 4-32

步骤5 选择相应功能进行音乐设置，如图 4-33 所示。
步骤6 添加一些需要的贴图或者文字，如图 4-34 所示。
步骤7 在短视频文件中添加动态特效，如图 4-35 所示。
步骤8 选择短视频封面。选择该短视频中的一个画面作为短视频的封面，如图 4-36 所示。

图 4-33

图 4-34

图 4-35

图 4-36

步骤 9 点击"完成"按钮,保存、导出短视频,如图 4-37 所示。

图 4-37

总结:逗拍 APP 的界面清爽且无广告,实时更新海量模板,拥有丰富的资源并且支持简单快捷的一键应用模板。

4.3 剪影工具制作实例示范

▶ 4.3.1 下载安装剪影 APP

在智能手机应用商城中下载并安装剪影 APP(以安卓手机为例),如图 4-38 所示。

图 4-38

4.3.2 剪影工具介绍

（1）打开剪影 APP，其首页如图 4-39 所示。

（2）点击"工具"打开"编辑工具"界面，可以看到所有的编辑工具，如图 4-40 所示。

1）视频截取：选择需要截取的短视频，如图 4-41 所示，按照图 4-42 所示进行操作。

2）视频裁剪：选择需要进行裁剪的短视频后，如图 4-43 所示进行操作。

3）视频配音：本功能用于实现修改短视频背景音乐，具体操作如图 4-44 所示。

4）视频特效：选择自己喜欢的短视频特效，如图 4-45 所示。

图 4-39　　　　　　图 4-40

图 4-41　　　　　　图 4-42

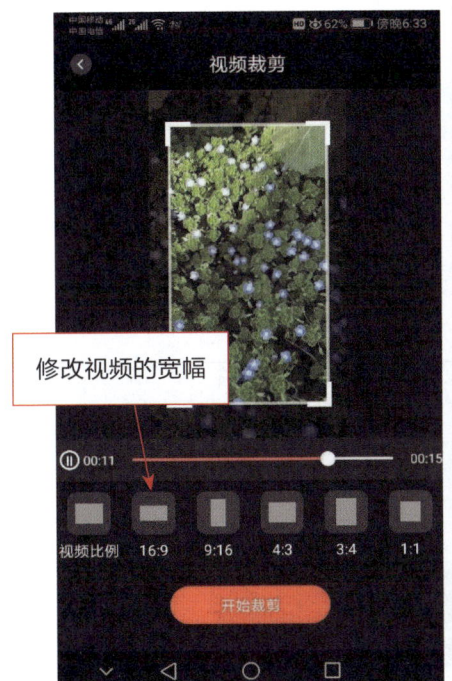

图 4-43

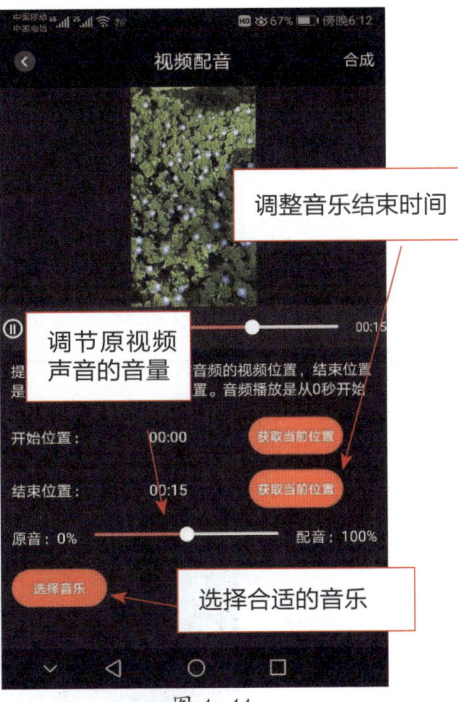

图 4-44

图 4-45

4.3.3 制作剪辑短视频

步骤1　点击首页的 视频剪辑 。
步骤2　选中目标短视频，如图 4-41 所示。
步骤3　修改短视频的背景音乐，如图 4-44 所示。
步骤4　添加合适的特效，如图 4-45 所示。
步骤5　如图 4-46 所示进行视频预览，然后点击图 4-45 中的"保存"，制作的短视频将会自动保存在手机相册的视频文件中。

总结：剪影是一款无水印的制作剪辑短视频的 APP，适合零基础短视频制作剪辑者使用。

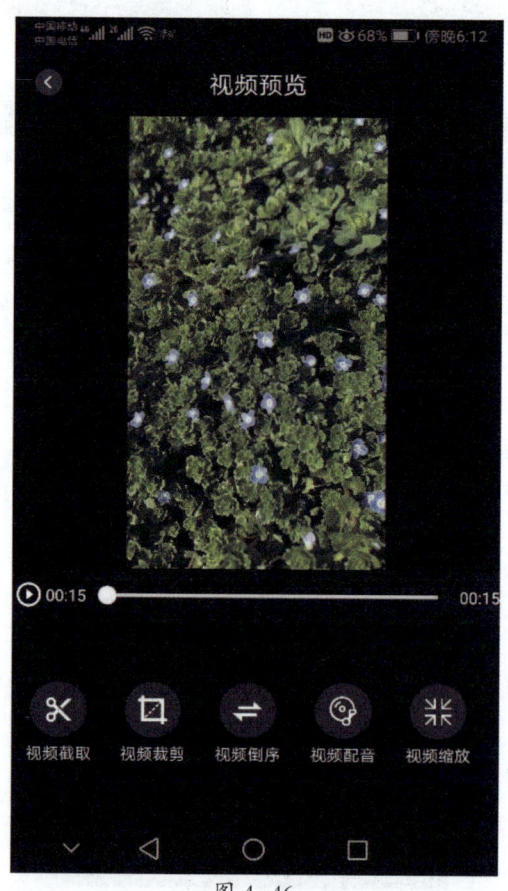

图 4-46

4.4 快剪辑工具制作实例示范

4.4.1 下载安装快剪辑 APP

在智能手机应用商城中下载快剪辑 APP（以安卓手机为例），如图 4-47 所示。

图 4-47

4.4.2 制作剪辑短视频

步骤 1　打开快剪辑 APP 开始制作短视频，其首页如图 4-48 所示。
步骤 2　导入短视频。将需要的短视频素材导入到快剪辑中，如图 4-49 所示。
步骤 3　选择短视频的播放尺寸，如图 4-50 所示。
步骤 4　进入"制作面板"编辑短视频，如图 4-51 所示。
步骤 5　插入并调节拼接动画的转场动画，如图 4-52 和图 4-53 所示。
步骤 6　对短视频进行美化处理，如图 4-54 所示。
步骤 7　完成编辑后，单击"生成"按钮生成短视频，如图 4-55 所示。

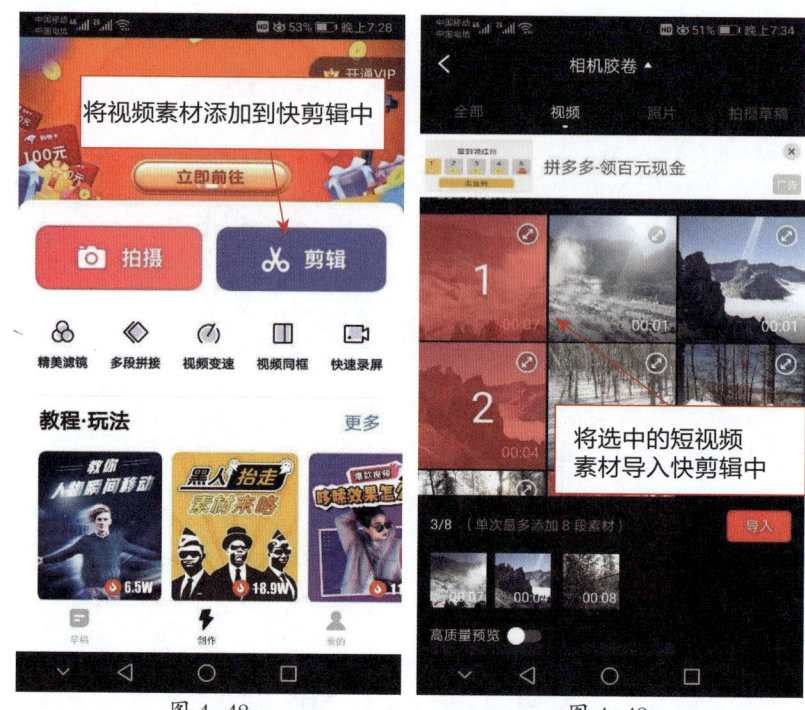

图 4-48　　　　　　图 4-49

图 4-50　　　　　　图 4-51

图 4-52　　　　　　图 4-53

图 4-54　　　　　　图 4-55

步骤8 选择短视频的清晰度并将其进行保存，如图 4-56 所示。
步骤9 将短视频导出到手机相册中，如图 4-57 所示。

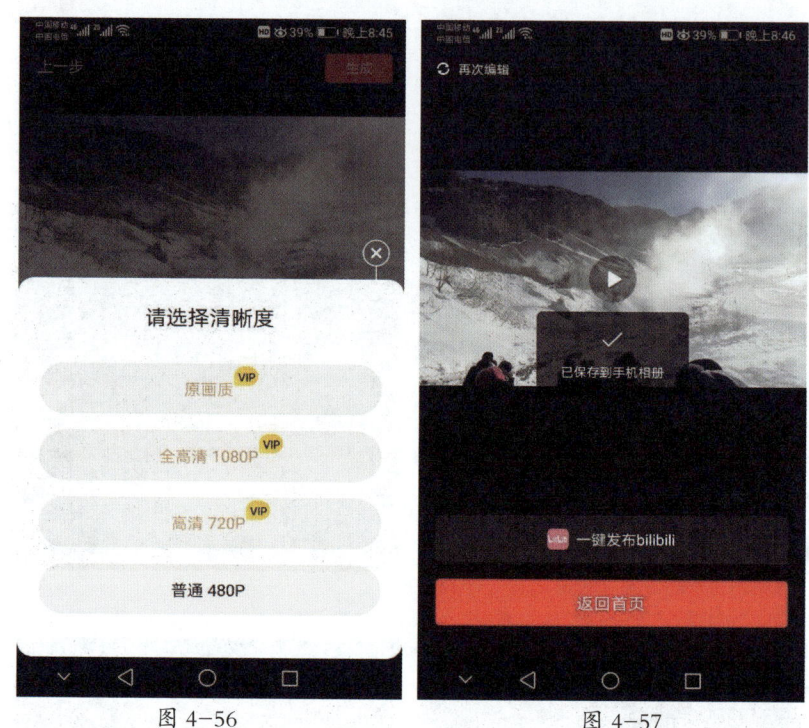

图 4-56　　　　　　　　　图 4-57

总结：和其他短视频剪辑软件相比，快剪辑最大的特点就是：拥有在片头、片尾去水印的功能。

4.5 Adobe Premiere 制作实例示范

Adobe Premiere Pro CC 2019 是 Adobe 公司推出的一款基于非线性编辑设备的音频、视频编辑软件，被广泛应用于电影、电视、多媒体、网络视频、动画设计以及家庭 DV 等领域的后期制作中，有很高的知名度。

【创建项目】

项目是一个包含了序列和相关素材的 Adobe Premiere Pro CC 2019 文件，与其包含的素材之间存在着链接关系。项目文件中储存了序列和素材的相关信息及编辑操作的数据。Premiere Pro 的开启界面如图 4-58 所示。

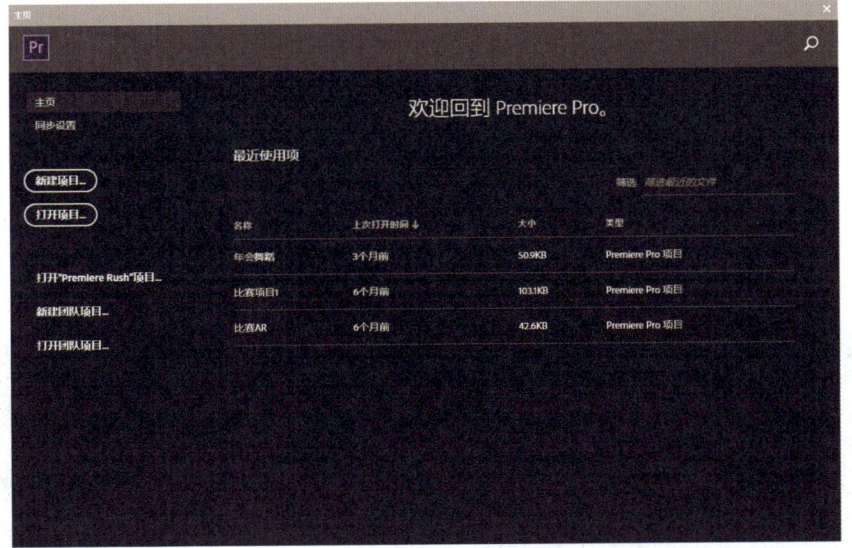

图 4-58

选择"新建项目"命令后，Premiere Pro CC 2019 会弹出"新建项目"对话框，用户需要在其中对项目的一般属性进行设置，并在"名称"和"位置"文本框中设置该项目的名称和项目在磁盘中的存储位置，如图 4-59 所示。

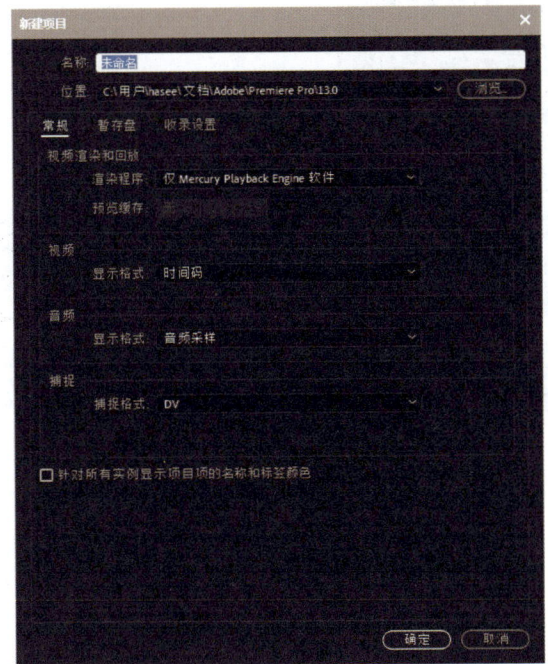

图 4-59

接下来，用户需对项目序列的参数进行设置。在弹出的"新建序列"对话框中，根据视频素材的拍摄机器不同，选择不同的有效预设，如图 4-60 所示。如，DV 分类中有 DV-24p、DV-NTSC 和 DV-PAL 三种。不同的分类代表不同的制式。世界上主要使用的电视广播制式有 PAL、NTSC、SECAM 三种，德国、中国使用 PAL 制式，美国、日本、韩国等使用 NTSC 制式，俄罗斯使用 SECAM 制式。若视频拍摄机器是 DV 类的，则应选用 DV-PAL 进行编辑。

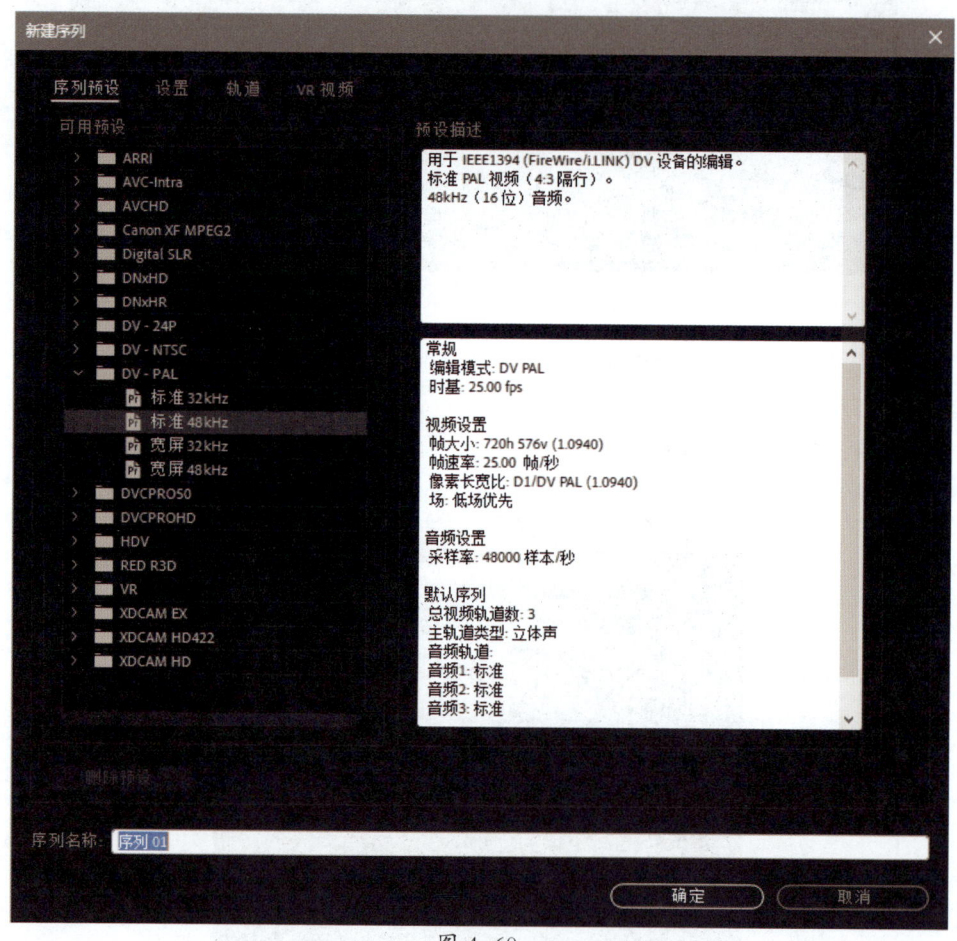

图 4-60

在 DV-PAL 预设下，分为标准 32kHz、标准 48kHz、宽银幕 32kHz 和宽银幕 48kHz 四种。标准和宽银幕分别对应"4:3"和"16:9"两种屏幕比例（又称纵横比）。16:9 主要用于计算机的液晶显示器和宽屏幕电视输出，4:3 主要用于早期的显像管电视机输出。随着高清晰电视越来越多地采用宽屏幕输出，16:9 的纵横比也在视频剪辑中更多地被选择。从视觉感受分析，16:9 的比例更接近黄金分割比，也更利于提升视觉愉悦度。若素材是 4:3 的比例，而剪辑时选择 16:9 的预设，则画面上的物体会被拉宽，造成图像失真。

32kHz 和 48kHz 是数字音频领域常用的两个采样频率。采样频率是描述声音文件的音质、音调，衡量声卡、声音文件的质量标准。采样频率越高，即采样的间隔时间越短，则在单位时间内计算机得到的声音样本数据就越多，对声音波形的表示也越精确。通常，32kHz 是 Mini DV、数码视频、Camcorder 和 DAT（LP Mode）所使用的采样频率，而 48kHz 则是 Mini DV、数字电视、DVD、DAT、电影和专业音频设备所使用的数字声音采样频率。需要注意的是，项目一旦建立，有的设置将无法更改。

Premiere Pro CC 2019 的工作界面

Adobe Premiere Pro CC 2019 的工作界面由三个窗口（项目窗口、监视器窗口、时间线窗口）、多个控制面板（媒体浏览、信息面板、历史面板、效果面板、特效控制台面板、调音台面板等）以及主声道电平显示、工具箱和菜单栏组成，可以由用户自由搭配，如图 4-61 所示。

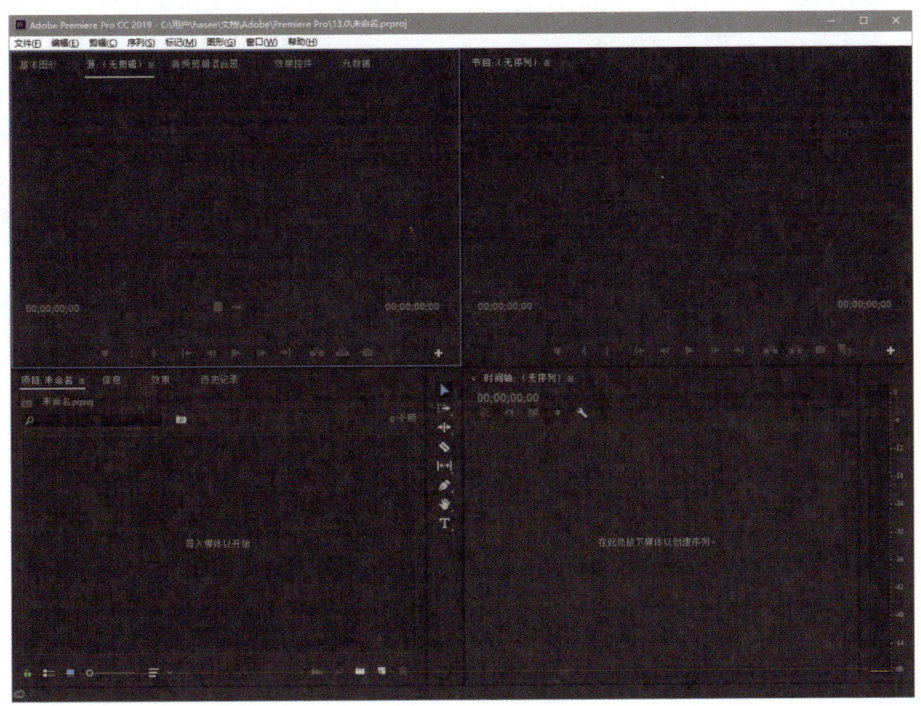

图 4-61

1. 项目窗口

项目窗口主要用于导入、存放和管理素材，如图 4-62 所示。编辑视频所用的全部素材应事先存放于项目窗口内。项目窗口的素材可用列表和图标两种方式显示，可显示素材的缩略图、名称、格式、出入点等信息。当素材较多时，可对素材进行分类、重命名，便于管理及使用。导入、新建素材后，所有的素材都存放在项目窗口里，用户可随时查看和调用项目窗口中的所有文件（素材）。在项目窗口中双击任一素材可以在素材监视器窗口中进行播放。选择"文件→导入"命令，即可将素材导入 Premiere Pro CC 2019 中。

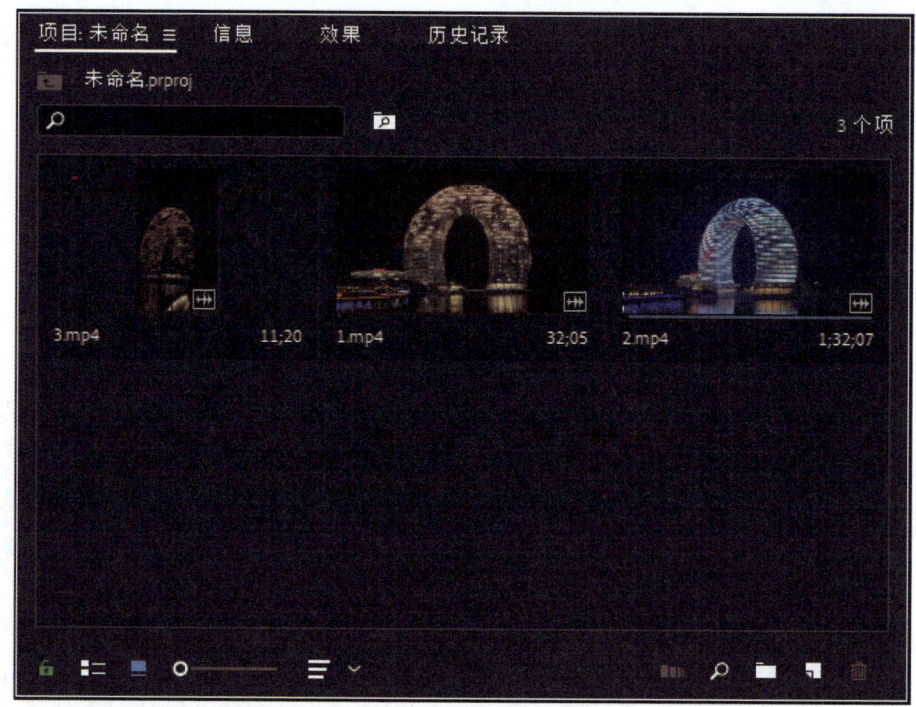

图 4-62

2. 监视器窗口

监视器窗口分左右两个视窗（监视器），如图 4-63 所示，左侧是"素材源"监视器，主要用于预览或剪裁项目窗口中选中的某一原始素材，右侧是"节目"监视器，主要用于预览时间线窗口序列中已经编辑的素材，也是最终输出短视频效果的预览窗口。

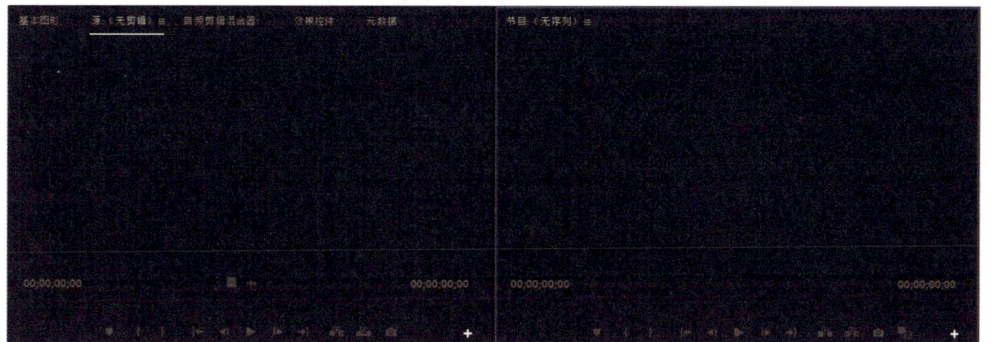

图 4-63

（1）素材源监视器。

1）素材源监视器界面的上部分是素材名称。点击右上角的三角形按钮，系统将弹出包含素材窗口所有设置功能的快捷菜单，可根据项目的不同要求，以及编辑的需求对素材源窗口进行模式选择。

2）素材源监视器的中间部分是监视器，在项目窗口或时间线窗口中双击素材（也可以将项目窗口中的任一素材直接拖至素材源监视器中）将其打开。监视器的上方分别是素材时间编辑滑块、位置时间码显示、窗口比例选择、素材总长度时间码显示；下方是时间标尺、时间标尺缩放器以及时间编辑滑块。

3）素材源监视器的下部分是素材源监视器的控制器及功能按钮。

<mark>入点和出点</mark>：当素材在素材源监视器播放时，点击监视器下方功能按钮的入点（"{"符号）和出点（"}"符号）对素材进行剪裁，如图 4-64 所示。如一段三分钟的视频，在 1′17″设置入点（点击"{"符号），在 2′17″设置出点（点击"}"符号），就表示选取了此视频 1′17″ 到 2′17″ 的片段。然后将视频由项目窗口拖入时间线窗口，则节目源入点与出点范围之外的内容便被去掉了，在时间线中显示的是已经筛选过的 1 分钟时长的视频段落。

图 4-64

<mark>插入与覆盖</mark>：通过入点与出点的设置完成了对于视频段落的选取后，若点击"插入"按钮，即将所选段落插入到时间标尺标记的插入点处，并将该插入点后面的素材后移；若点击"覆盖"按钮，则用所选段落将插入点后面的素材覆盖，如图 4-65 所示。

图 4-65

（2）节目监视器。节目监视器在很多方面与素材监视器相似，同样包括设置出入点、插入、覆盖等功能。素材源监视器用于预览原始视频素材，而节目监视器用于预览下方时间线中编辑过的视频段落。

3.时间线窗口

在时间线窗口，以轨道的方式实施视频音频的组接及素材的编辑，用户的编辑工作都需要在时间线窗口中完成。素材片段按照播放时间的先后顺序及合成的先后层顺序，在时间线上从左至右、由上至下排列在各自的轨道上，可以使用各种编辑工具对这些素材进行编辑操作。时间线窗口分为上、下两个区域，上方为时间显示区，下方为轨道区，如图 4-66 所示。

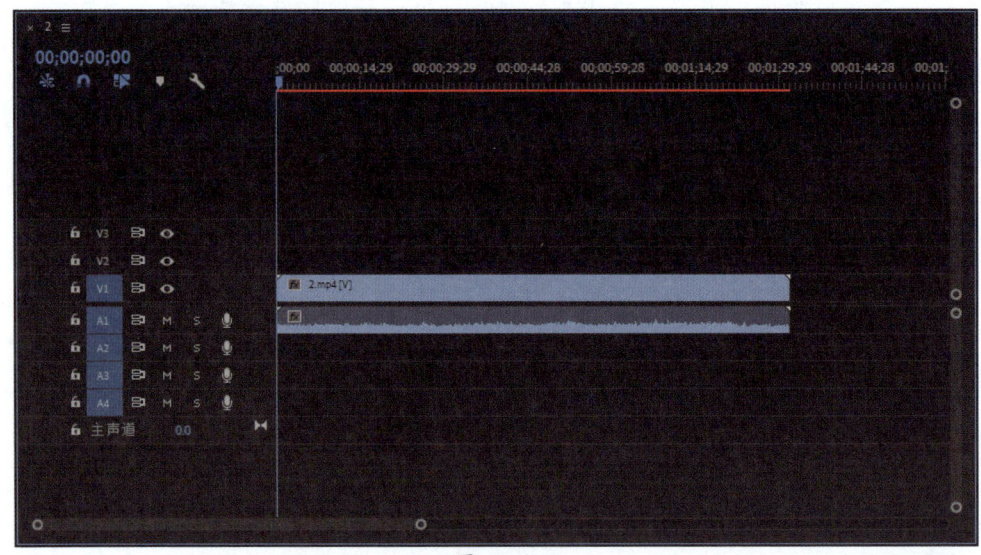

图 4-66

（1）时间显示区。时间显示区域是时间线窗口工作的基准，承担着指示时间的任务。它包括时间标尺、时间编辑线滑块及工作区域，如图 4-67 所示。左上方的蓝颜色时间码表示时间编辑线滑块所处的位置。单击时间码，可通过输入时间使时间编辑线滑块自动停到指定的时间位置。也可在时间栏中按住鼠标左键并水平拖动鼠标光标来改变时间，确定时间编辑线滑块的位置。

图 4-67

（2）轨道区。轨道是用来放置和编辑视频、音频素材的地方。用户可对现有的轨道进行添加和删除操作，还可将它们任意地锁定、隐藏、扩展和收缩。影视编辑经常会涉及多条音轨的编辑，如，旁白音频、同期对话音频、环境音频等，将这些声音各自独立地放置在不同的音轨上，会使得编辑工作更加清晰便捷。当音频是伴随视频一同录制的同期声时，剪辑时要在视频轨道部分点击鼠标右键，在弹出的快捷菜单中选择"解除音视频链接"命令，这样对于音频的编辑（剪切或删除等）不会对相应的视频部分产生影响。

4. 工具箱

工具箱包括一组视频与音频编辑工作的编辑工具，如图 4-68 所示。通过这些工具可以完成许多特殊的编辑操作。

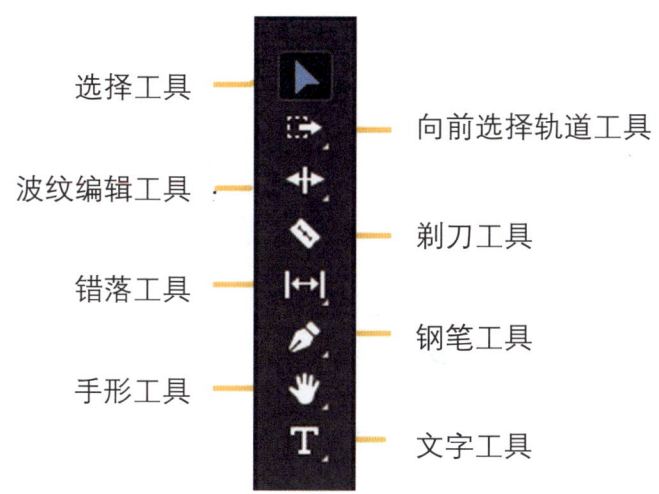

图 4-68

（1）**选择工具**。选择工具最主要的作用是选中轨道里的片段。用选择工具点击轨道里的某个片段，该片段即被选中；按下 Shift 键的同时点击轨道里的多段短视频片段可以实现多选。

（2）**向前选择轨道工具**。用选择轨道工具点击轨道里的片段，被点击的片段及其后面的片段全部被选中；如果按下 Shift 键的同时点击不同轨道里的片段，则多个轨道里自不同点击处开始的所有片段都会被选中。该功能在剪辑轨道上的短视频片段时用得较多，当短视频片段需总体移动时使用此功能会比较方便。剪辑时经常在短视频段落之间留出几秒钟的空隙，如果一一通过手动移动来消除空隙会很麻烦，这时可用鼠标点击空隙处，当空隙处由深灰色变为浅灰色时，点击右键选择"波纹删除"命令，则该轨道上的所有短视频片段会整体前移，与前一段落不重叠、无空隙地接合。

（3）**波纹编辑工具**。将光标放到轨道里某一片段的开始处，光标变成黄色的向右中括号时，按下鼠标左键向左拖动可以使入点提前，从而使该片段增长（前提是该片段入点前面必须有余量可供调节）；按下鼠标左键向右拖动可以使入点拖后，从而使得该片段缩短。同样，将光标放到轨道里某一片段的结尾处，当光标变成黄色向左中括号的时候，按下鼠标左键向右拖动可以使出点拖后，从而使得该片段增长（前提是该片段出点后面必须有余量可供调节）；按下鼠标左键向左拖动可以使出点提前，从而使得该片段缩短。当用波纹编辑工具改变某片段的入点或出点，即改变该片段长度的时候，前后相邻片段的出入点并不发生变化，并且仍然保持相互吸合，片段之间不会出现空隙，影片总长度将相应改变。

（4）**剃刀工具**。用剃刀工具点击轨道里的片段，片段在点击处被剪断，原本的一段片段被剪为两段。在未解除音、视频链接的情况下，与视频对应的音频片段也会被剪断。当同期的音频轨为单独导入的 mp3 文件时，可以按下 Shift 键，选中音频和相对应的视频片段，然后点击鼠标右键，在快捷菜单中选择"编组"命令，这时，两段各自独立的音、视频即被捆绑为同一片段，此时用剃刀剪辑视频片段，则相应的音频片段也会在同一时间点处被剪断。按下 Shift 键的同时点击轨道里的片段，则全部轨道里的音、视频片段都在这一时间点被剪断。

（5）**错落工具**。将错落工具置于轨道里的某个片段中拖动，可同时改变该片段的出点和入点，而片段长度不变（前提是出点后和入点前有必要的余量可供调节使用），同时相邻片段的出、入点及影片长度不变。如时间轨道 2min 至 3min 处播放的是素材源 A 的 1min~2min 的片段，使用错落工具向右滑动，此时出点和入点均拖后，而时间轨道 2 min~3min 处播放的则变成了素材源 A 的 4 min~5min 的片段。

（6）**钢笔工具**。选择钢笔工具，在时间线窗口内的视频轨或音频轨上点击，可以在点击处创建关键帧。在关键帧的菱形点处右击，可以在快捷菜单中选择"淡入"和"淡出"等特效命令。

（7）**手形工具**。用手形工具可以拖动"时间线"窗口里轨道的显示位置，要注意的是，轨道里的片段本身不会发生任何改变。

（8）**文字工具**。用文字工具在需要进行剪辑的视频里添加相应的文字。

5. 信息面板

信息面板用于显示在项目窗口中所选中的素材的相关信息。包括素材名称、类型、大小、开始及结束点等信息，如图 4-69 所示。

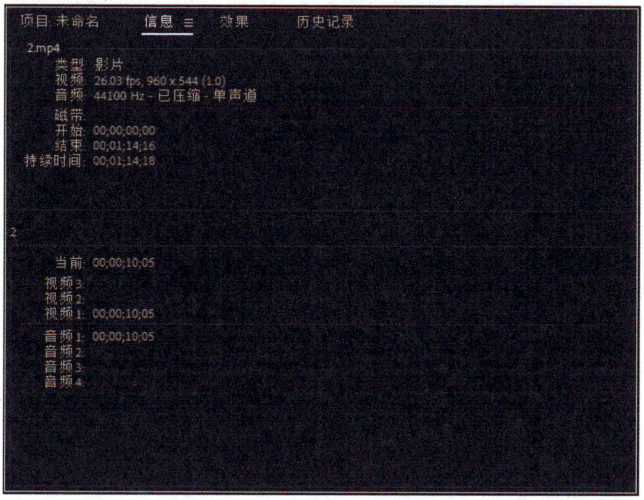

图 4-69

6. 媒体浏览器面板

媒体浏览器面板可以查找或浏览用户计算机中各磁盘内的文件，如图 4-70 所示。

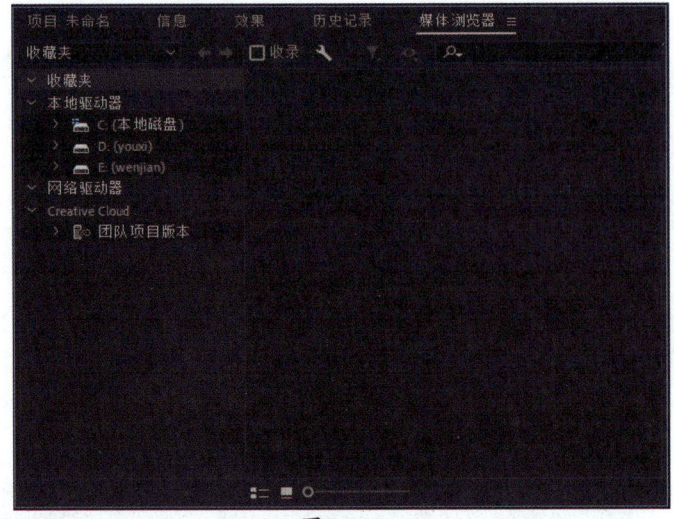

图 4-70

7. 效果面板

效果面板里存放了 Adobe Premiere Pro CC 2019 自带的各种音频、视频特效、切换效果和预设效果等，如图 4-71 所示。用户可以方便地为时间线窗口中的各种素材片段添加特效。按照特殊效果分类共有五个大类文件夹，而每一大类又细分为很多小类。如果用户安装了第三方特效插件，相应的特效文件也会出现在该面板的相应类别的文件夹下。

图 4-71

8. 特效控制台面板

当为某一段素材添加了音频、视频特效之后，还需要在特效控制台面板中进行相应的参数设置和添加关键帧，如图 4-72 所示。制作画面的运动或透明度效果也需要在这里进行设置。

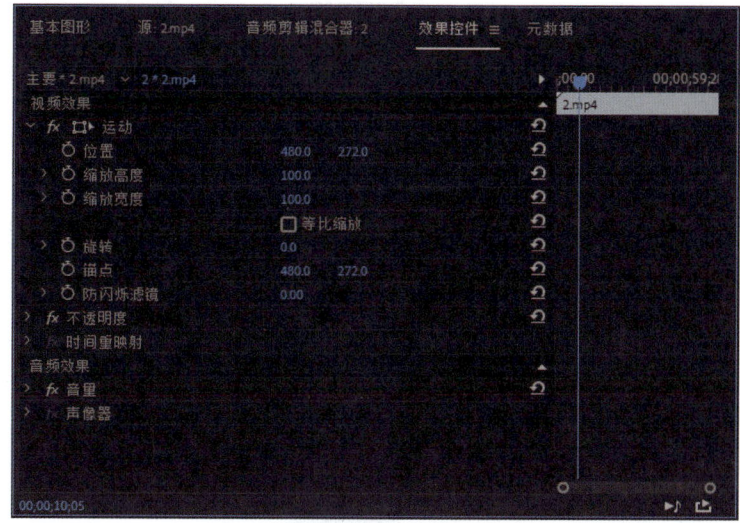

图 4-72

9. 音频混合器

音频混合器主要用于完成对音频素材的各种加工和处理工作，如混合音频轨道、调整声道音量平衡或录音等，如图 4-73 所示。

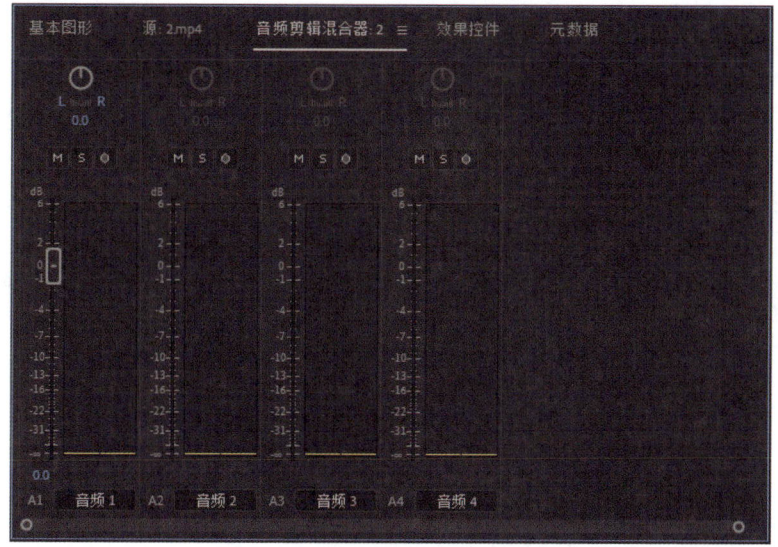

图 4-73

10. 主声道电平面板

主声道电平面板是显示混合声道输出音量大小的面板。当音量超出安全范围时，在柱状顶端会显示红色警告，用户可以及时调整音频的增益，以免损伤音频设备，如图 4-74 所示。

图 4-74

11. 菜单栏

Adobe Premiere Pro CC 2019 的操作都可以通过选择菜单栏命令来实现。Adobe Premiere Pro CC 2019 的菜单主要有"文件""编辑""剪辑""序列""标记""图形""窗口"和"帮助"，如图 4-75 所示。Adobe Premiere Pro CC 2019 的所有操作命令都包含在这些菜单及其子菜单中。

图 4-75

案例 1：制作视频并更换其背景音乐

步骤 1 新建项目。打开 Adobe Premiere Pro CC 2019，选择"新建"→"项目"命令，如图 4-76 所示。

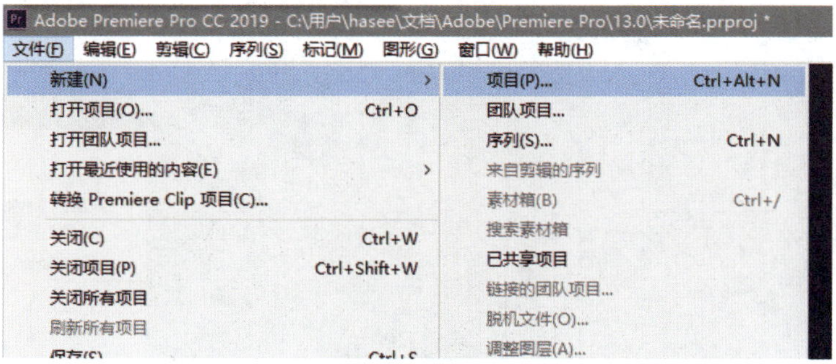

图 4-76

步骤 2 在新建项目中为项目编辑合适的标题以及编码，如图 4-77 所示。

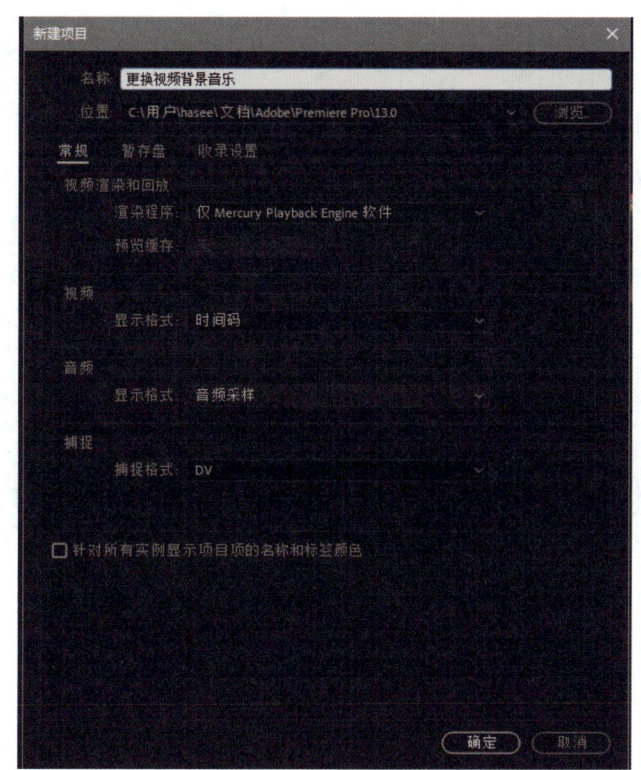

图 4-77

步骤3 导入需要编辑的短视频以及需要更换的背景音乐,如图4-78所示。

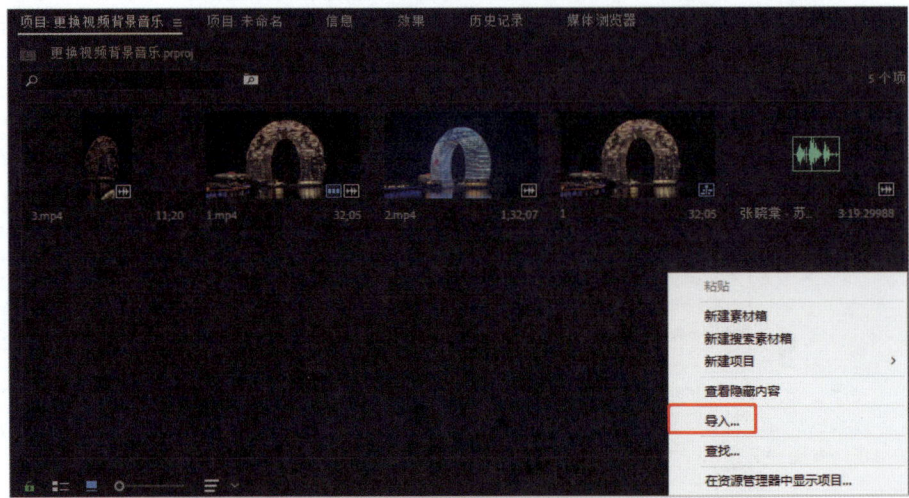

图 4-78

步骤4 将短视频素材拖入时间线窗口,如图4-79所示。

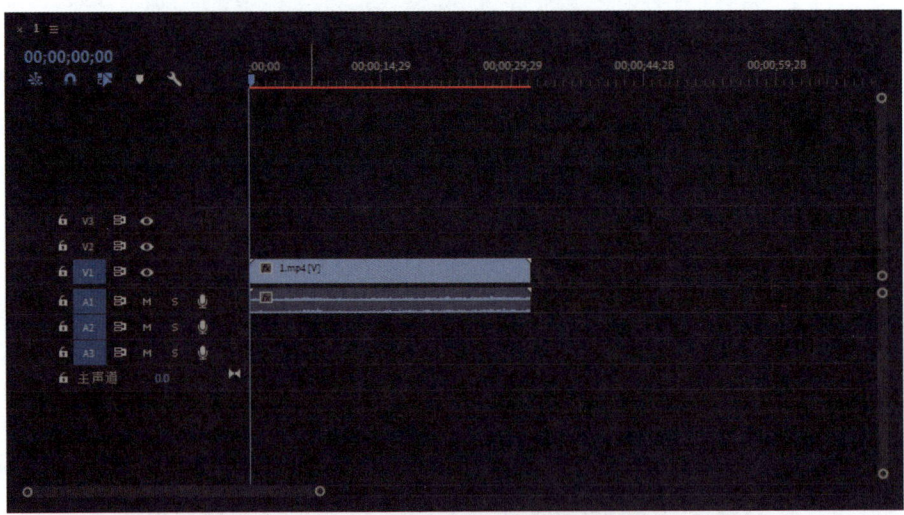

图 4-79

步骤5 右击素材,在弹出的快捷菜单中选择"取消链接"命令,如图4-80所示。

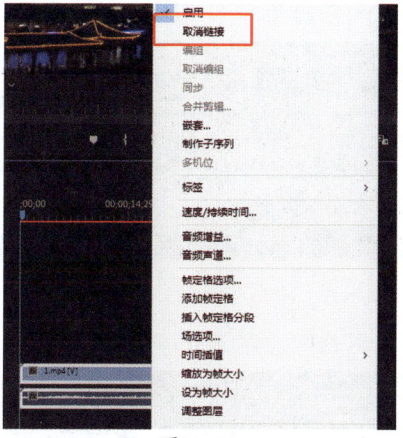

图 4-80

步骤6 选择音频并右击，在弹出的快捷菜单中选择"清除"命令，如图 4-81 所示。

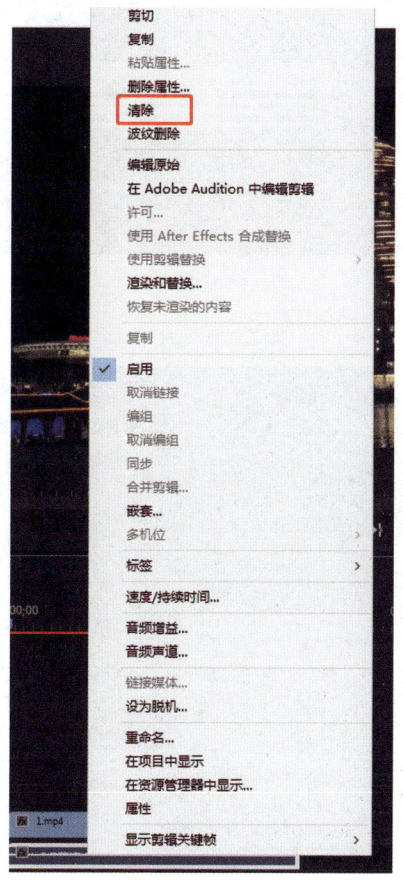

图 4-81

步骤 7 将需要更换的音频拖至音频栏，如图 4-82 所示。

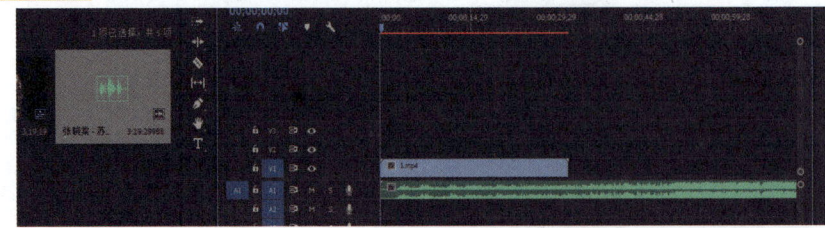

图 4-82

步骤 8 使用剃刀工具将多余的音频删除，如图 4-83 所示。

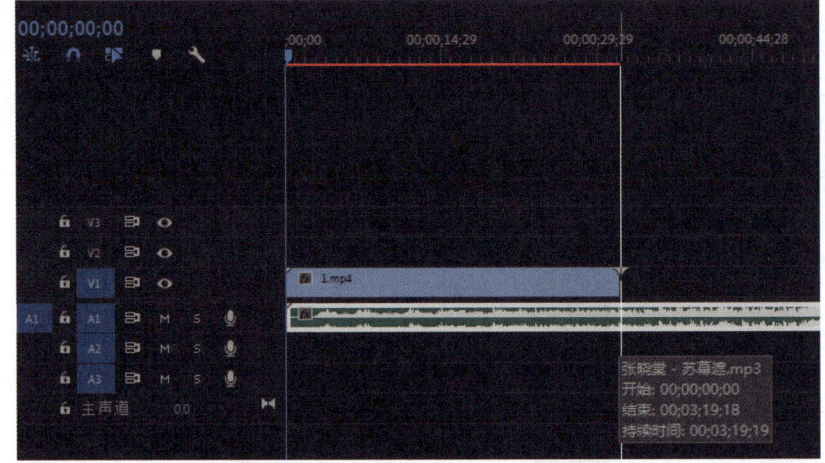

图 4-83

步骤 9 完成上述操作后，保存短视频并将其导出，如图 4-84 所示。

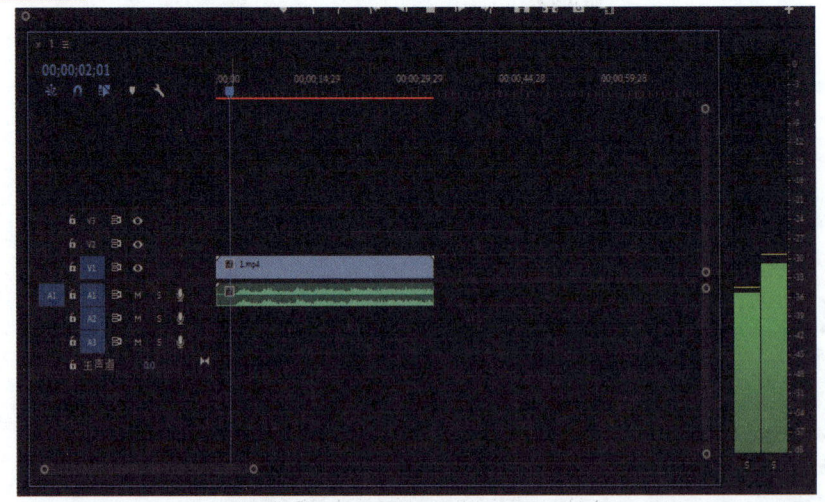

图 4-84

案例 2：制作短视频并调整颜色

步骤 1 打开 Adobe Premiere Pro CC 2019，选择"新建"→"项目"命令，如图 4-85 所示。

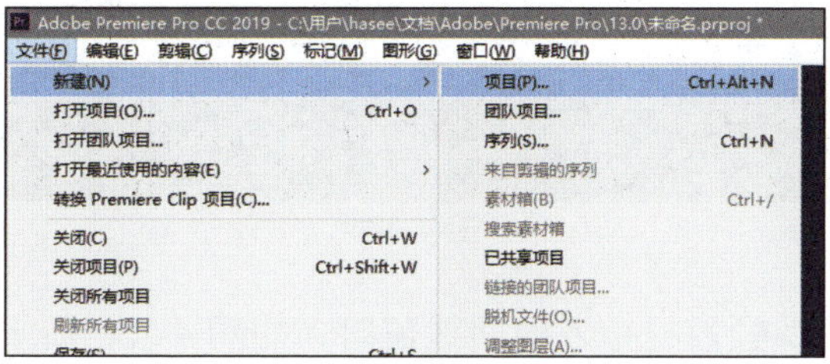

图 4-85

步骤 2 在新建项目中为项目编辑合适的标题以及编码，如图 4-86 所示。

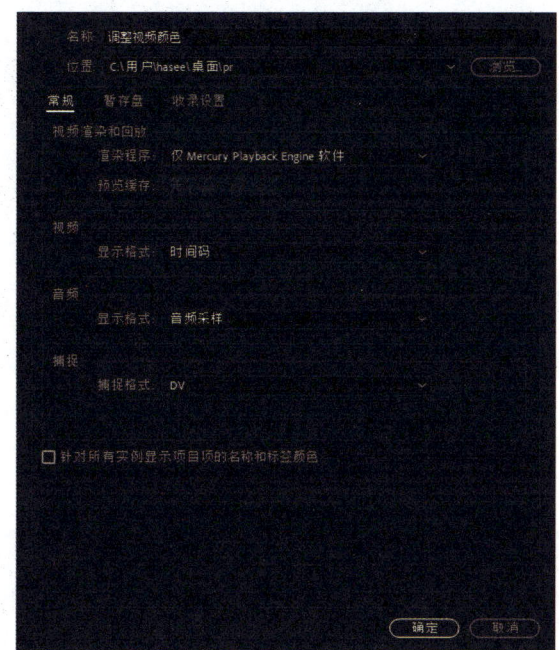

图 4-86

步骤 3 导入需要编辑的短视频，如图 4-87 所示。

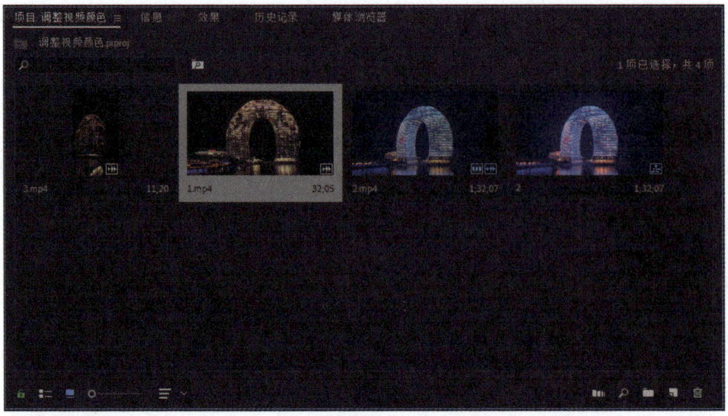

图 4-87

步骤 4 将短视频素材拖入时间线窗口，如图 4-88 所示。

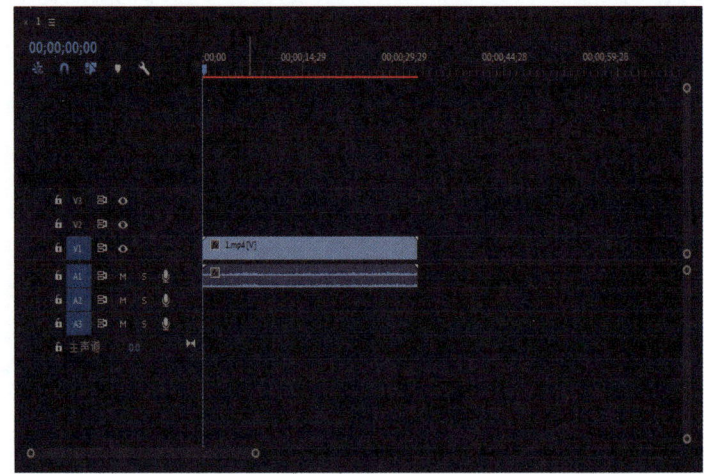

图 4-88

步骤 5 选择监视器窗口，选择"效果"菜单命令，如图 4-89 所示。

图 4-89

步骤6 展开"视频效果",选择"图像控制"项,如图4-90所示。

图4-90

步骤7 选择"颜色平衡"项,将其拖动到时间线窗口中的视频上,如图4-91所示。

图4-91

步骤8 在"效果空间"中找到刚刚拖入的"颜色平衡"项,并调整相应数值至合适的视频效果,如图4-92所示。

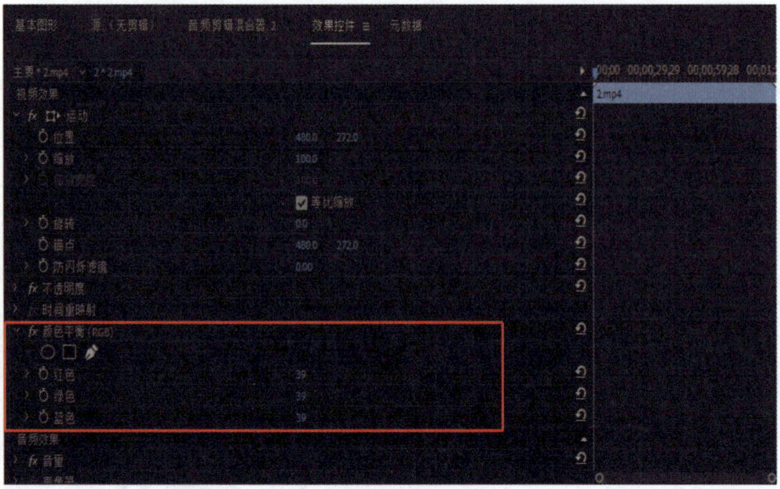

图 4-92

步骤 9 完成上述操作后,保存短视频并将其导出,效果如图 4-93 所示。

图 4-93

总结:Adobe Premiere Pro CC 2019 可以实时编辑 HDV、DV 格式的视频影像,并可与 Adobe 公司的其他软件进行整合,它是一款专业的短视频剪辑及后期处理软件。

第 5 章

吸睛之笔
——实用文案与策划

　　吸睛之笔指的是文案策划，短视频运营者通过精彩的文案脚本，将短视频内容作品完美地呈现在粉丝大众面前，使粉丝大众通过观看、关注短视频内容作品，既满足了自己对内容作品的物质需求，又满足了愉悦身心的精神需求。优质的文案是内容作品孵化器，是内容营销的催化剂，是粉丝大众的万花筒。

5.1 热点文案策划

5.1.1 什么是文案

图5-1所示是文案说明的示意图。

图 5-1

文案原指放书的桌子，文是指文稿，案是指条桌几案。后来逐渐被演变为从事创意策划写作的人或文稿方案。文案从根本上决定了创作的作品所呈现的基本形式，以文稿的方式为后期的拍摄、剪辑、制作提供了一份执行的指南，是导演策划创作意图的最初体现，是所有短视频运营团队成员之间、部门之间协调合作、职责分明的运营计划书。文案也是短视频运营团队与客户之间沟通的桥梁与媒介。确立好文案，可以使短视频创作团队在后期的拍摄制作中降低成本、少走弯路，从而快速高效地完成短视频内容作品的创作并最终将其呈现。

（1）文案是短视频内容创作的藏宝图。文案的创作直接决定了短视频内容作品的优劣。文案是短视频内容作品精神外化的体现，体现了短视频的精、气、神，即所谓的调性、气质、特色等。优质的短视频文案具有简洁大气、含而不露、表述清楚、传递准确、生动有趣等特点。短视频文案要不媚众、不恶俗，应如涓涓细流沁人心脾，使人在愉悦的心情中从内心深处予以接纳与赞同。劣质的短视频文案通常是逻辑混乱、语言粗俗、违背常识，不能体现短视频内容作品内涵和特质，会误导粉丝大众对内容作品的理解，从而对带货产品产生打折、降分，甚至有反面宣传的效果。同时，劣质的文案创意，也会使后期的拍摄剪辑人员有不知所云、手忙脚乱、无所适从的感觉，导致短视频运营呈现一团糟的状态。所以优质的短视频文案犹如一份藏宝图，它将开启内容作品价值最大化的宝藏，能深刻地挖掘内容作品的核心与特质，使产品从全部或某一方面得以美好的呈现。一份优质的短视频文案可以让短视频运营团队从场景的选择、道具的设置、演员的确定、情节的起承转合、后期的剪辑特效等方面以最小的开支和明晰准确的路径，实现内容作品运营者所要达到的效果。同时，一份优质的短视频文案可以挖掘产品的亮点，使短视频在无形传播中将内容产品的价值予以增值放大。例如，李子柒的文案创意就非常优秀。图5-2所示为网红李子柒的文案。

图 5-2

（2）文案是短视频内容作品创作的催化剂。一个优质的内容作品需要通过短视频的方式予以呈现，而文案策划是短视频创作的第一步。短视频内容作品的价值是有限的、可见的，而内容作品的文案创作和呈现方式却是无限可延伸的。我们可以把内容作品从各个维度、各个角度，予以多方面的、多层次的呈现。通过文案，我们既使短视频内容作品扩大表现形式的边际，同时又满足粉丝大众对内容作品了解的需求；既遵循短视频创作沿着潮流热点不断求新求变的市场规律，又满足粉丝大众对内容作品更多渠道、更多方式的理解与接纳。优质的文案是短视频内容作品的催化剂，是短视频内容作品表现的万花筒，同时还可以催生出无限多的创意文案，使短视频内容作品永远鲜活亮丽。

（3）好文案是短视频创作的点睛之笔。短视频创作谁都会，但短视频创作的层次却有高下之分，水准也有优劣之别。普通的文案创作思维陈旧、毫无新意，表现形式单一、手法老套，这样的文案将使短视频创作的策划者昏昏欲睡，后期短视频团队的运营者也提不起任何的兴致，因此很难创作出让粉丝大众眼前为之一亮的短视频内容作品。而优质的文案创意是短视频内容创作的点睛之笔，它可点燃短视频运营者的思想之火，激发短视频内容创作团队内心的激情与朝气，通过一系列的精细化运营制作，最终使短视频内容作品超越粉丝大众的期待，给他们带来惊喜。

▶ 5.1.2 什么是热点文案

热点是流量聚集的焦点，它可以是某一个话题，也可以是某一个事件或行为，是大家目光关注的所在和讨论的中心。热点话题或热点事件是一个沸腾中心，犹如一个火药桶，可以迅速引爆各种各样的话题。文案是短视频内容创作的创意脚本，将热点事件与短视频的内容文案进行有意识的叠加与融合，就形成了热点文案。创作热点文案是短视频账号爆粉、涨粉的捷径之一，易引起粉丝大众的高度关注与讨论。热点文案的具体特点如下所述。

（1）具有时效性。现在社会是一个资讯爆棚的社会，各种各样的资讯满天飞。某一事件的发酵、影响力及公众对其讨论的时间有长有短，因此集中地关注热点话题和热点事件，可以在最短的时间内抓住事件的焦点，将其与短视频内容作品相关联。利用时效性，可第一时间吸引粉丝大众关注。通过热点事件的衍生及其相互之间的契合，达到提升短视频作品热度的效果。热点文案非常具有时效性，明确热点话题、事件对短视频内容作品影响力的大小非常重要。通常一个热点事件话题持续的时间为3~5天，如果我们不能在有效的第一时间做出热点文案，在短视频平台账号及时地予以推送，引发粉丝大众热情关注，就会失去事件话题原本的热度，白白流失大量的流量，则该热点文案即为一次失败的营销策划文案。

（2）具有海量的流量。现在社会处在一个秒速即达的时代，科技的创新、各种新技术的运用和短视频资讯平台的诞生，使整个社会呈现一种高速透明的运动状态，各种海量的资讯互相交融传递，沟通便捷。一个热点事件或话题犹如平地旋起的飓风，可迅速吸引全网的关注和讨论，形成一股强大的网络力量，社会各界热情参与，纷纷从各自的立场和观点发表对热点事件的看法与态度，会形成亿万次的点击播放和百万次千万次的点赞、转发与评论。因此，设计一个优质的热点文案，巧妙地利用热点话题事件所自带的流量属性，可以为短视频平台账号的点击、播放、成长、营销带来高速的增长。

（3）具有话题性、吐槽点。任何一个事物都具有多面性，每个人由于所处的立场不同、角度不同，对同一件事也会有不同的看法和观念。同一个事件因为关联的轻重程度不同，也会引发不同的话题和吐槽点。优质的热点文案是将热点话题事件与短视频内容作品完美结合所呈现出来的作品,可使粉丝大众在讨论热话题事件的同时,加深对短视频内容作品的了解,还能看到短视频运营者的三观与态度,看到美好并感受到正能量。对待分歧较大的或讨论点较多的热点话题事件,可结合短视频账号的特质创作一个热点文案,平台账号只需要选择其中一种正能量的态度即可,不必太在乎其他吃瓜群众的吐槽,在网络中引发的话题冲突和矛盾本身也是热点流量之一,图 5-3 为此类文案的样例。

图 5-3

（4）引发关注。热点事件在网络的世界犹如在流量大海中引发的风暴,定会波澜起伏、汹涌澎湃,给整个流量海洋生态及各类生物带来一次心灵的撞击、震撼与洗礼,也必将引发粉丝大众的关注。优质的热点文案可以有意识地引导话题,引发热点事件话题与本平台短视频内容作品更多的关联,进而引发更多粉丝对短视频内容作品的讨论与关注,达到范围更广、深度更深的平台内容营销效果。

（5）易于转发和传播。热点事件就像是一个香饽饽,香味飘到的地方就引发眼馋和口水,引发粉丝大众的关注与讨论。优质的热点文案应在从事短视频内容作品创作时,既表明对热点事件的态度,又巧妙地植入自己所需要营销的短视频内容作品，同时站在粉丝大众的角度上，与他们产生共鸣，使其予以认同与转发，达到二次营销传播的目的。优质的热点文案应通俗易懂，明白如话，让粉丝大众简单明了地看清观点，自觉或不自觉地站队，同时热情地转发支持与传播。

▶ 5.1.3 策划热点文案

图5-4简单表示了策划热点文案的作用。

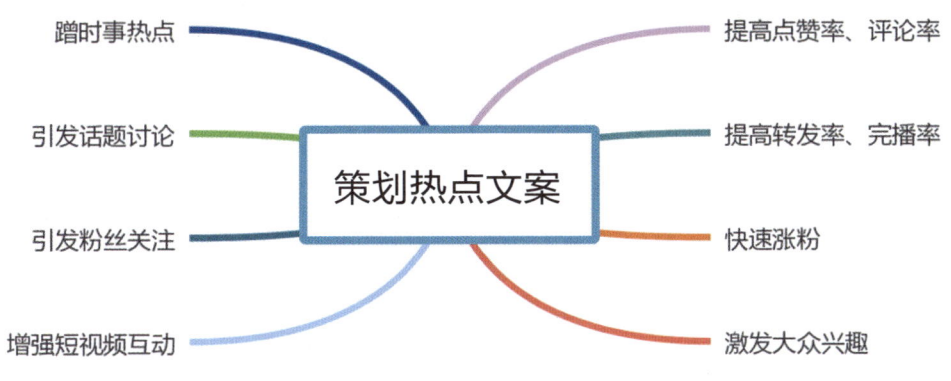

图5-4

热点是粉丝大众话题的中心和关注的焦点，是人们茶余饭后精力集中的所在，是天然的粉丝流量牧场与渔塘，将热点事件与文案策划进行有机的结合，强强联手，可以完美地创作一条优质的短视频新内容，可以绽开一朵奇异的内容作品生态奇葩。热点文案的策划是短视频文案内容创作的重点之一，是短视频账号内容营销的重要手段，其作用如下所述。

（1）巧用时事热点。世界上每天都会发生许多大大小小的事件，这些事件或多或少地影响着我们的工作和生活，引发我们的关注与讨论。巧用时事热点就是利用粉丝大众的好奇心理，利用吃瓜群众的心态进行短视频内容作品的营销，将时事热点与短视频内容作品有机地结合，可以给短视频账号内容生态注入源源不断的生气，输入更多新鲜有营养的血液，助力短视频平台账号的成长，增强粉丝大众对平台账号内容作品的理解及加深短视频内容作品的印象，建立账号平台与粉丝大众长期稳定的鱼水关系。

（2）引发话题讨论。有热点有事件就会引发态度与观点，就会引发争执与讨论，将热点事件话题引入到短视频内容作品创作的文案中，就是将粉丝大众的讨论引导到平台账号中来，属于主动地"引火烧身"，激发粉丝大众的活跃与互动，引发话题讨论，使粉丝大众在情绪态度的输出中加强对短视频内容作品的理解。

（3）引起粉丝关注。粉丝通常是"喜新厌旧"的，如果短视频账号不能定期输出鲜活有趣、有料、有梗的内容作品，则粉丝大众的热情会慢慢地消退贻尽。创作热点事件的文案就是通过平台账号内容作品，引发粉丝大众持久的关注，增加粉丝的黏性，使粉丝在内容生态的土壤里找到营养。优质的短视频热点文案作品会让粉丝欲罢不能、时时牵挂，自觉不自觉地点击打开，具有"成瘾"性的效果。

（4）增强短视频互动性。短视频平台账号内容生态的一个重要的考量就是内容作品的点赞率、评论率、转发率和完播率。通过热点文案的策划，可以大大地提高粉丝对短视频内容作品的关注，参与其内容生态每个细节的互动与讨论，增强短视频内容作品的活跃度，避免短视频内容作品的简单、单一，避免短视频内容作品的呈现方式死气沉沉、枯燥无味。

（5）提高点赞率和评论率。短视频热点文案内容作品的输出，可以有效地提高粉丝的点赞率和评论率。点赞率表明粉丝的观点与态度，评论率表明其参与讨论的热情。评论是多方面的，有持相同意见的、正能量的探讨，也有持相反意见的、负能量的吐槽，作为一名短视频运营者可不必在意这些。热点文案是提高短视频内容作品输出点赞率和评论率的有效良药，关键是文案要切合、准确。

（6）提高转发率和完播率。短视频热点文案内容作品的输出可以有效地提高短视频账号的转发率和完播率。转发率体现了粉丝对短视频账号内容作品的高度认可程度，是短视频内容作品二次营销的前提。转发方式为：可先将短视频内容作品保存至粉丝的相册，再转发至其他优质的平台账号；也可以一键打通同生态系平台下的各短视频平台账号。优质的热点文案必将大大地提高短视频账号内容输出的完播率。完播率指一条短视频内容作品的完整播放量与总点击量的百分比率，完播率体现了粉丝对热点文案内容作品的关心与重视的程度。完播率的提高有利于短视频账号权重的提高，有利于短视频账号迅速进入更大粉丝的流量池，甚至上同城或推荐热门。

（7）快速涨粉。热门文案可引起短视频账号快速涨粉。现在社会粉丝犹如潮水，粉丝社群犹如追随潮流的鱼群鱼阵，热点在哪里，他们就关注哪里；哪里的短视频内容作品有价值，他们的目光便聚焦哪里。优质的短视频热点文案犹如一顿精美的美食大餐，可以迅速地吸引粉丝大众的围观，吸引目标粉丝的关注,让短视频账号迅速地涨粉。一条爆款的热门文案常常会引起百万粉丝的点击与关注,导致一夜之间粉丝爆涨,增加同账号其他短视频内容作品的播放、点赞与评论。

(8)激发大众兴趣。短视频热门文案可以有效地激发粉丝大众的兴趣,从人性的角度,从社会的价值,从公序良俗,从社会的发展等方面引发粉丝大众对短视频内容作品的讨论,引发共鸣。图5-5所示为一励志语录的短视频文案。

图5-5

5.1.4 如何策划热点文案

策划热点文案的取材非常广泛，可以从海量的线上线下各种大事件及公共话题中选取所需要的热点，就某一事件或话题展开与短视频内容作品相关的联想，策划创作热点文案，为短视频的拍摄制作提供文稿的支持和准备。具体表现为以下几个方面。

（1）大众平台收集。各大主流新闻媒体，包括中央电视台、其他地方电视台、各大门户网站、专业网站等，每天都会产生大量的新闻资讯、热点事件、追踪报道、各大排行榜单等。我们可以通过这些大众平台收集整理找出相关的头部热点，结合自己的短视频账号，创作属于自己的独具匠心的热点文案。

（2）关注热点时事。世界每时每刻都在发生着变化，各种热点事件层出不穷，通过各大主流媒体对社会、经济、人文、民生等各种热点时事的关注，找出热点时事与自身短视频内容作品的共同属性，表明自身对热点时事的态度与观点，结合短视频所需展现的账号内容作品，创作优质的热点文案。

（3）针对突发事件。计划永远赶不上变化，针对突发的事件及粉丝大众关注的焦点，及时地做出相对应的快速反映，是一个优秀的短视频运营者的品质。从事短视频创作的账号，针对突发的事件应及时地组织团队的成员，就事件与短视频内容作品的关联，及时地做出反馈，制作创意文案，第一时间通过账号予以推出。

（4）寻找话题共同点。热点是社会大众关注的焦点所在，无论任何事件话题，总可以找出与短视频内容作品在某一个层面的共同点，找出这个共同属性，予以艺术化地萃取升华，制作相对应的热点文案，是从事短视频文案创作的重要方法之一。

（5）平台排行榜、热搜。各大平台排行榜和热搜，基本可以反映某一事件或话题或某一人物在当下的社会热点的排名。短视频文案创作者可以将平台的排行榜和各大热搜数据作为自己短视频创作的素材来源，制作热点文案。

（6）爆款拍同款。爆款是指已经引起社会大众关注的并引发了粉丝大众的点赞、评论、转发和关注的短视频内容作品。爆款短视频将在短时间内形成一股短视频资讯潮流，制作与爆款同款的热点文案，是巧妙借助热点的一个最简单直接的方式。虽然这种方式"简单粗暴"地表达了短视频运营者的态度与欲望，但真实而有效，一般的粉丝大众对这种方式并不会表示拒绝或反感，这是一个低成本制作热点文案的途径。

（7）隔空发声。当热点事件或话题与短视频运营者所需呈现的内容作品差别较大时，短视频运营者可采用隔空喊话的方式创作表明自身态度与内容作品属性的文案，通过短视频平台发布短视频，以期引起事件、话题者的关注和粉丝大众的围观，间接地带火本短视频账号的流量。

（8）历史上的今天。当短视频创作在近期无太明显热点事件或话题的时候，我们可以通过历史上的今天，通过纵向的"拍同款"，从过去的传统文化中去挖掘与本短视频内容作品相同的话题，创作热点文案。

（9）时令和节日。一年四季每个月都有不同的时令和节日，短视频运营者可以通过时令节日加内容的方式，创作出大量应时、应节、应景的优质短视频内容作品，在节日文化中选取粉丝大众关注的热点，加上巧妙的内容构思，创作出精美的短视频热点文案。

5.2 策划一句式攻心文案

5.2.1 一句式攻心文案简介

攻心文案指短视频内容作品创作的标题、简介、内容或某一方面、某一个点彻底地打动了粉丝大众，使其从行为上和心理上产生认同与共鸣。一句式的攻心文案具有短小、精悍、简洁、直击人心的特点。它容不得半点的虚伪和敷衍，同时又极具艺术的张力，使粉丝大众如饮甘泉、感同身受。其常见的表现形式有以下几种。

（1）一句引发关注。一句引发关注指在创作短视频的标题文案时，通过一句话深深地吸引粉丝大众点击打开观看。其常见的形式有：疑问句、反问句、祈使句、感叹句等。例如，"你知道不吃早饭会有哪些危害吗？""3岁神童如何快速背诵100首唐诗"等。一句话引发关注通常通过放大、夸张、比喻等手法，引发粉丝大众第一时间的好奇，击中粉丝大众最真实的痛点，使其点击观看并转发评论等。图5-6为一句引发关注文案的样例。

图5-6

（2）一句引发槽点。一句引发槽点指短视频运营者在创作标题文案、简介或内容时，巧妙地利用短视频内容观点内在的冲突，加大反差与对立，引发观众的吐槽与争论，达到对短视频关注、评论、转发的效果。例如，"80岁的奶奶该不该带5岁的重孙？""70岁老人过马路摔倒要不要去扶？""女人减肥重要还是健康重要？"。图5-7所示是一句话引发槽点的文案样例。

图 5-7

（3）一句说明道理。一句说明道理通常是将对生活的理解与感受通过总结与提高，形成一句最扎心的感同身受的标题文案，向粉丝大众传递一个道理。它通常以警言、警句、箴句、诗词、联句、俗语、歇后语等方式予以呈现。具有对仗工整、用词简短精练等特点。例如，"宝剑锋从磨砺出，梅花香自苦寒来""行至水穷处，坐看云起时""不能用战术的勤奋去掩盖战略的懒惰"等。图 5-8 所示即为此类文案。

图 5-8

（4）一句打动人心。一句打动人心指短视频运营者在创作短视频标题或简介时，通过简短精练的描述，借助生产的场景和生活的体验，感同身受地告诉粉丝大众一句做人的道理，启迪心智，使对短视频内容作品予以高度的认同，印象深刻且久久不能释怀。例如一些常见的正能量的、励志类的、学习感悟类的短视频账号即属于此类，图5-9所示即为此类文案。

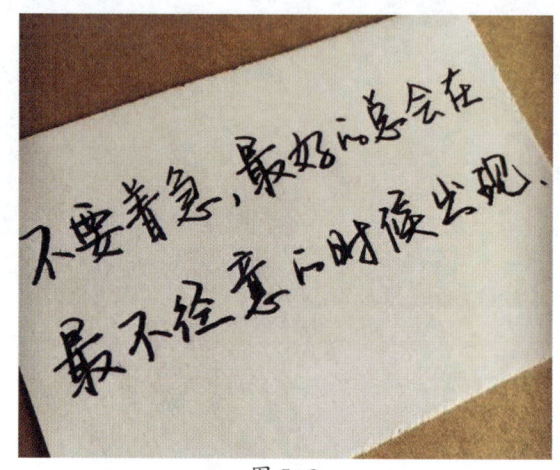

图 5-9

5.2.2 一句式攻心文案的特点及分类

一句式攻心文案具有内容精练，表达清晰准确，风格短平快，易引起粉丝大众共鸣并感同身受的特点，通常分为以下几种类型。

（1）励志型。通过一句励志的口号表达内心深处的呐喊与愿望，样例如图5-10所示。

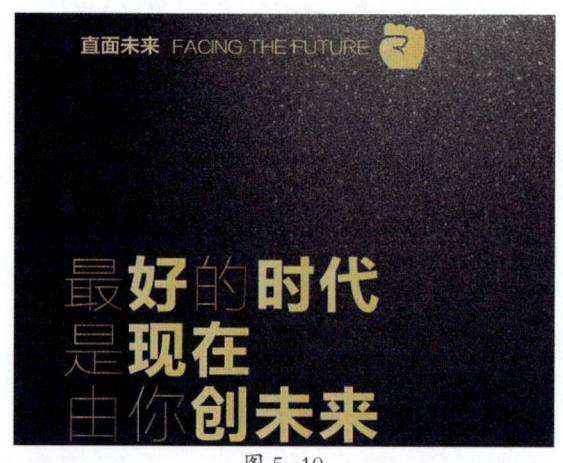

图 5-10

（2）感悟型。通过一句对人生社会的感悟、心得，表达对社会现实或事件话题的一种认知。感悟型文案样例如图5-11所示。

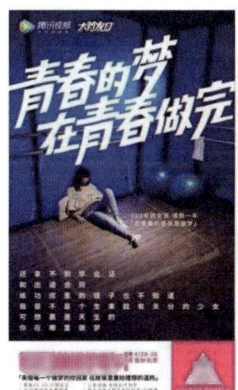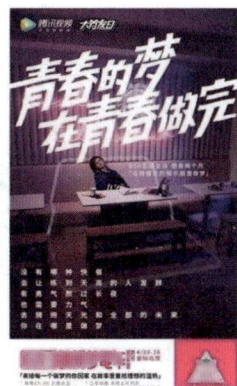

图5-11

（3）卖惨型。通过一句扎心的感受或事件话题，取得粉丝大众的同情、点赞和鼓励支持，此类文案样例如图5-12所示。

图5-12

（4）调侃型。通过一句调侃的话语进行自嘲自黑，表达对生活的解读，让粉丝大众在会心一笑中予以认同和点赞。图5-13所示为调侃型的文案样例。

图 5-13

（5）吐槽型。通过一句对事件或话题的个性吐槽，表达短视频运营者对事件或话题的态度，引起粉丝大众的认同或争论。图5-14所示为吐槽大会的广告海报。

图 5-14

（6）鸡汤型。通过一句"心灵鸡汤"或"毒鸡汤"表达对生活的态度，图5-15所示为鸡汤型的文案。

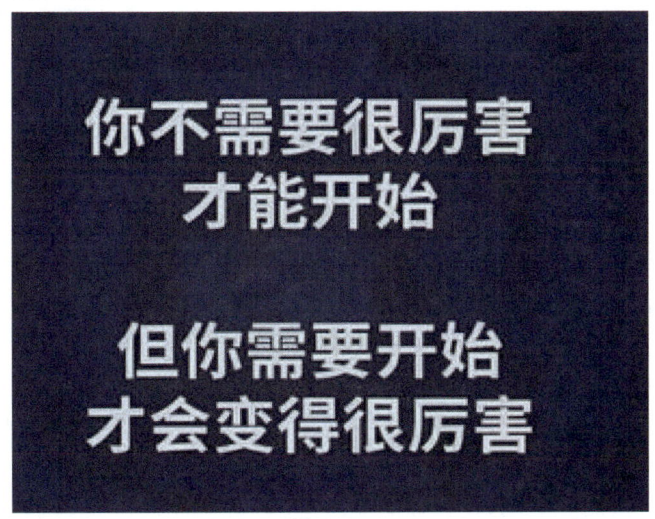

图 5-15

（7）正能量型。通过一句正能量的话语，呼吁更多的粉丝大众予以认同与点赞，图5-16所示为正能量的文案。

图 5-16

（8）诗词联句型。通过一句诗词联句，表达对短视频内容作品的解读与态度。图 5-17 所示为诗词类的文案。

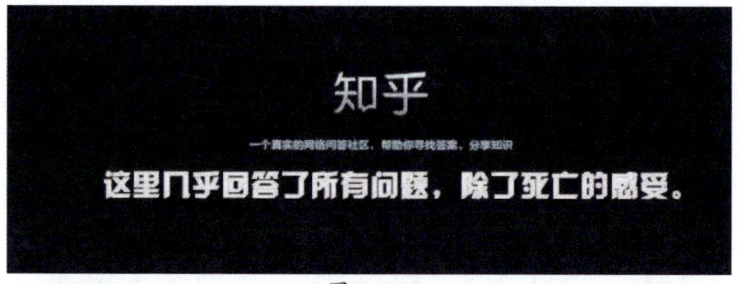

图 5-17

（9）搞笑型。通过一句幽默搞笑的话语，让粉丝大众在哈哈一笑中放松身心，心情愉悦。图 5-18 所示为搞笑类的文案。

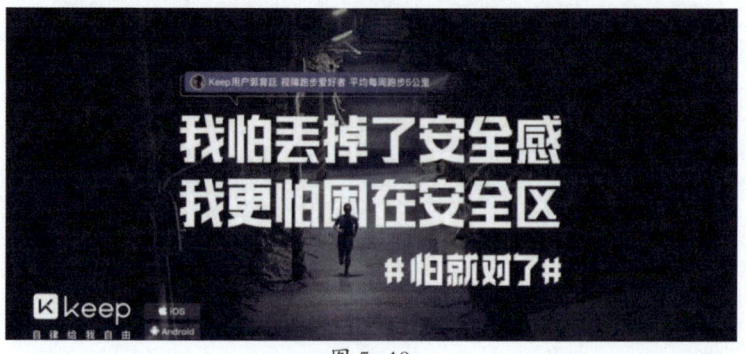

图 5-18

（10）反转型。通过一句神反转的描述，使粉丝大众有"意料之外，情理之中"的惊奇感受。图 5-19 所示为反转型的文案。

图 5-19

（11）疑问型。通过一句设问或反问的表达方式，发出对社会及人生的思考，引发粉丝大众的关注与参与。

5.2.3 为何策划一句式攻心文案

现代社会每个人都很忙碌，时间很宝贵，大家没有太多的时间去关注一些平庸的话题。各大短视频平台每天资讯爆棚，有些资讯可能粉丝大众根本来不及观看。一句式攻心文案简洁明了，可清楚准确地表达对事件或话题的态度，以最直接了当的方式，发表对问题的看法，符合现代90后、00后的生活节奏。一句式攻心文案的特点如下所述。

（1）符合平台要求。现在各大短视频平台对短视频账号所发布的内容作品的标题和内容简介均有不同的要求，对字数也有一定的规定。例如，抖音文案简介不能超过55个字，其中包含@符号。所以，一句话的热门文案更符合各个平台对字数的要求，也符合平台的推荐机制与算法规则。

（2）符合阅读习惯。现代社会人们的阅读习惯已发生了根本的改变，短视频内容作品的阅读观看更趋于碎片化、快餐化、便捷化的特点。年轻一代更趋向于一扫而过直奔主题，创作一句式的攻心文案及一句话的扎心标题与简介，更符合年轻一代的阅读习惯。

（3）可快节奏切入。现在社会的发展日新月异，每个人都处在快节奏的生活状态，这就要求短视频账号内容作品也是快节奏、高效的，在全民快节奏的生活与工作当中，快节奏地切入观看短视频内容作品，一句话的文案策划及标题内容的展现显得尤为重要。

（4）能引发共鸣。现在短视频账号都被打上了各种各样的标签，它犹如给每一个运营者在内容作品输出时隐形的身份证，粉丝大众会习惯性地通过搜索关键词寻找内容作品，短视频平台也习惯性地通过内容标签推送内容。因此作为短视频账号的运营者，必须通过一句话的扎心文案，通过关键词与"@XX"第一时间将内容作品展现在粉丝大众的面前，达到排名靠前、引发关注与评论、引发共鸣的目的。

5.2.4 如何策划一句式攻心文案

策划一句式攻心文案需要注意的几个主要方面如图5-20所示。

```
         1                    2
    追踪                  挖掘大众
    时事热点                内心需求

           一句话
           攻心文案

         4                    3
    挖掘粉丝               巧用
    关心话题              热门歌词
```

图 5-20

文章本天成，妙手偶得之。一句好的攻心文案来自于长期的学习和生活的积累，来自于对社会热点细心的观察，来自于我们对短视频创作不断的实践和水平提升，是在日积月累中偶然的灵感爆发，是头脑风暴后迸发的思想的火花。一句式攻心文案可准确地揭示短视频内容作品的本质，用一句话击中粉丝大众的痛点，是文案策划中的精品之作。策划好一句式攻心文案可从以下几个方面入手。

（1）追踪时事热点。一句式攻心文案首先要选取好题材，抓住社会当下的热点话题与事件，抓住粉丝大众的关注点，结合自己短视频账号的内容作品，作出合理的关联和表态。并以文案标题、简介、内容对话等形式予以表达，以吐露出粉丝大众最想表达而又尚未说出的心声。

（2）挖掘大众的内心需求。对待任何热点事件与话题，粉丝大众都会从内心深处有一个基本的判断和态度，这是客观存在的。短视频运营者要善于挖掘粉丝大众内心的需求，从人生观、世界观和价值观的高度寻求与粉丝大众的共同点，结合短视频内容作品，巧妙地植入自身账号对该事件话题的态度和方法，以一句话的文案标题予以呈现。

（3）挖掘粉丝大众关心的话题。粉丝大众一定有其内在的特质，短视频运营者一定要善于从粉丝大众的生活里寻找其共同的话题和态度，与自己的内容作品进行深度的关联与解读，使粉丝大众永远感受到超出其预期的生态氛围。

（4）巧用热门歌词和传统诗词。巧用热门歌词，巧用传统的诗词，从诗词歌赋中获得短视频内容作品一句式精典标题文案，是短视频运营者获取灵感的重要方法之一。歌词诗词经过岁月和现实的检验，本身已自带一定的流量和粉丝特质，短视频运营者如果能巧妙地加以引用和结合，或者是以比喻、夸张、引喻等手法予以演化，可以获得出乎意料的效果。

5.3 制造话题引发作品讨论

5.3.1 什么是话题

图 5-21 以简单的图例方式对"话题"所涉及的内容进行了展示。

图 5-21

话题是话语的标题，讨论的中心，关注的焦点，事件的过程，粉丝的态度。短视频运营者要善于从各种事件中获得灵感，选取与自身短视频内容作品相关的焦点制造话题、引爆话题，引起粉丝大众的关注与讨论。具体表现如下：

（1）讨论的主题中心思想。就事件话题本身所代表的世界观、人生观和价值观进行主题中心思想的讨论。

（2）大家关注点。就粉丝大众所关注的事件话题的焦点、敏感点、关注点、价值点展开话题讨论。在讨论过程中，渐渐地引入相关联的内容作品，通过对粉丝大众评论态度的了解，提出与短视频内容作品相关的各种合理的方案与建议，达到短视频内容作品营销的效果。

5.3.2 如何寻找热点话题

从国家级主流媒体，如中央电视台、各大卫视、各大线上平台获得各个方面的资讯；从各大热搜排行榜单中获取短视频内容作品所需要的热点话题；通过移动端的朋友圈、微信群等获得现场正在发生的热点事件话题；通过公域流量或私域流量相关社群的讨论内容获取粉丝大众所共同关心的社会民生热点话题。结合自身短视频内容作品文案创作的需要，甄别筛选自己所需要的热点话题，进行短视频内容作品文案创作的融合，以一句话的攻心文案，获得一次短视频内容作品的完美输出。

5.3.3 热点话题的特点及分类

短视频内容作品的热点话题具有如下的特点：粉丝大众所共同关心的社会民生话题、热点事件、垂直行业内所产生的重大的变革事件、人事调整等，例如，新冠病毒的防控，高速公路的免费通车等；与粉丝大众切身利益有直接或间接关联的话题或事件，能迅速地引起粉丝大众的参与与共鸣，例如，民生社保标准问题，工厂复工学生开学等；对待同一个话题或事件有着多种不同的理解与答案，答案的多样性极易引起吐槽和争论，这样的话题和事件的选择，也极易产生热点短视频内容作品文案，例如，辛巴的退网事件，需不需要给劣迹艺人重新改正的机会等；针对一些粉丝大众茶余饭后一探究竟的好奇心理所选择的事件或话题进行热点式的营销，例如，XX飞碟事件。

热点话题的分类通常为：新闻时事类、社会新闻类、明星大V类、街坊八卦类、突发事件类、垂直行业话题类等。图5-22以简单的图例对热点话题内容进行了说明。

图 5-22

5.3.4 讨论热点话题的好处

通过对热点话题事件的导入和对相关主题内容的讨论，可以使短视频内容创作取得以下几点有益的效果。

（1）播放量爆增。热点事件话题对于短视频内容作品创作来说，犹如刚出炉的热气腾腾的新鲜美味，巧妙地将热点事件和话题引入自己的短视频内容作品文案，让粉丝大众在关注热点事件话题的同时增加自身短视频账号播放量，达到播放量爆增的效果。

（2）粉丝量爆涨。对于短视频运营者来说，将热点事件与短视频内容文案巧妙地结合，通过短视频内容作品的输出，可以达到粉丝数量爆涨的目的。

（3）增加点赞、转发、评论的数量。将热点事件话题巧妙地植入短视频平台账号的内容作品，可增加粉丝大众对平台账号内容的点赞、转发与评论的数量。

（4）易形成爆款短视频。将热点事件话题巧妙地植入短视频，可以在不经意间形成大量的关注、点赞、评论和转发，可以引起粉丝大众的参与，为短视频账号引流，形成爆款的短视频内容作品，带动该账号内的其他的短视频内容作品一起爆发涨粉。

5.3.5 如何巧妙地制造话题

短视频内容作品文案的创作从来都不缺少话题，缺少的是能够引起粉丝大众关注与热烈回应互动的话题，因此巧妙地利用事件影响制造话题，就显得尤为重要。通常制造话题有以下几种方式。

（1）巧妙借助热点。针对当下发生的时事热点话题与事件，表达短视频账号的关注与态度。如图5-23所示，药膏广告就巧妙借助了iPhone最新款的热度。

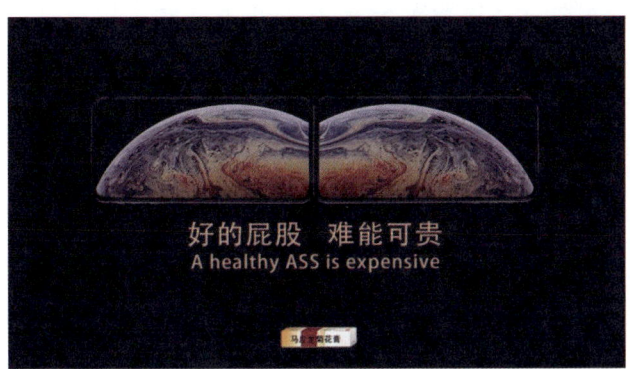

图 5-23

（2）发起PK。短视频运营者主动地发起挑战，邀请同质化的运营者或异业联盟，就某一话题或事件发表各自相应的看法。图5-24所示为相同类型的短视频运营者的互动。

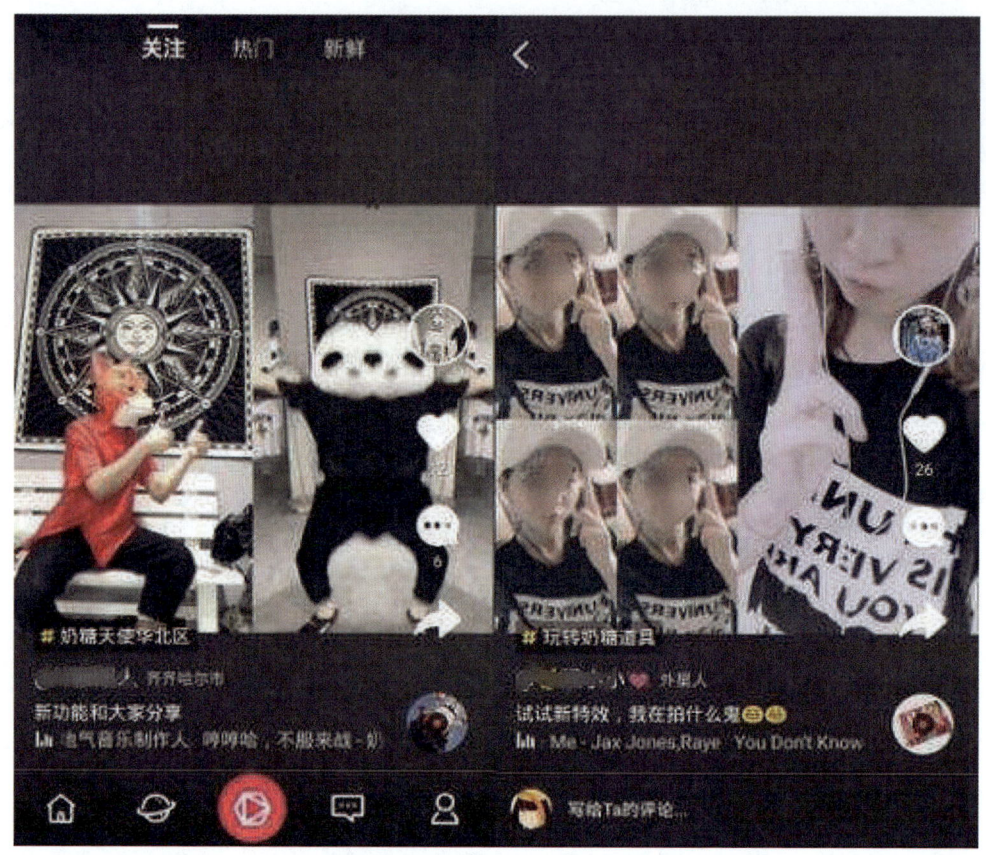

图5-24

（3）跨界。短视频运营者突破与自己的垂直领域相关的短视频内容作品的创作限制，跨界到其他的领域或话题事件当中，制作新的内容作品文案。

（4）发表个人观点。针对某一话题或事件，在主流短视频已经形成了几派观点和意见后，可以通过短视频内容作品文案，通过自身的短视频账号发表自己独特的、有见解的个人观点，可使人耳目一新。

（5）传递励志正能量。短视频运营者在常规的垂直领域内容作品的文案创作后，可以适当地参照社会主流价值观，创作一些含有正能量的短视频内容作品，以引起粉丝大众的普遍关注，适当地创作一些心灵鸡汤类的短视频内容作品，给粉丝大众以身心的慰藉和鼓舞，图5-25所示即为此类短视频文案。

图5-25

（6）关注民生、社会话题。普通大众的生活总是柴米油盐，芸芸众生更多的是普通百姓，短视频运营者将一些大众普遍关心的民生、社会话题与短视频账号内容作品进行有机的融合，可以创作出一些引发粉丝大众共鸣与关注，给心灵以启迪与震撼的优秀作品，从而产生热门爆款。

5.3.6 如何巧妙借助热点、流量、话题引发讨论

市场营销无处不在，作为新媒体势头最猛的崛起者之一，短视频运营者必须对时事和社会热点事件与话题在第一时间作出反应与讨论。如何巧妙借助热点、流量、话题引发讨论呢？通常应注意以下几点。

（1）注重热点事件的时效性。热点事件话题通常来得快，去得也快，短视频运营者必须第一时间创作出热点文案，通过账号内容作品呈现给粉丝大众。

（2）及时参与互动讨论。对待已经发生或正在发酵的话题和事件，当其他短视频账号已经创作出相应作品时，本短视频账号必须及时地进行参与并通过互动讨论发表自己的看法。

（3）发表不同的观点。对待当下的热点话题和事件，在短视频内容作品创作各方已有态度和立场的基础上，作为新介入的短视频运营者，可以选取一个新的角度创作出不同的短视频内容作品，使自己账号的观点成为众多短视频流量当中的一股清流，引发关注。

（4）巧用平台规则。通过巧妙地运用短视频各大平台账号的算法运营机制，可以对热点话题与事件提供新的解决问题的思路和方法。通过将精细化的文案植入到本短视频账号内容作品中，我们可以巧妙引发粉丝大众对本短视频账号的关注。如图5-26所示，"江小白"的广告就引用了"独家记忆"这部剧的内容。

图 5-26

（5）发动投票测评。针对某一热点话题或事件，短视频运营者可以主动地发动粉丝大众进行投票测评，通过民意调查给出的支持率与反对率引发粉丝大众对热点话题和事件的再一次讨论，增加本短视频账号的流量和热度。

5.4 巧用名人效应策划文案

5.4.1 好文案的标准是什么

图 5-27 给出了好文案标准的简单图示说明。

好文案标准

图 5-27

好文案是短视频内容创作的基础,也是短视频优质内容作品的前提;好文案会让人击节称赞、拍案叫绝;好文案能直达人心,引起粉丝大众的共鸣。常见的好文案具有以下几个特点。

(1)语言简洁。好的文案应角度新颖,语言简洁流畅,明白如话,使短视频运营者一目了然,使粉丝大众过目不忘且回味无穷,图 5-28 所示即为此类文案。

图 5-28

(2)主题突出。好的短视频文案内容应主题突出,关注当下热点话题或事件,或者是在垂直领域具有一定的代表性,且有广度和深度。好文案应主题突出,令粉丝大众清晰地了解和关注短视频运营者所要表达的意思。

(3)生动有趣。好的文案应该生动有趣。短视频运营者在从事文案的创作与策划时,从内容设置、桥段情节、风格色彩、背景音乐、特效音效都应该力争做到生动有趣。图 5-29 所示即是一较为生动有趣的文案设计。

图 5-29

（4）条理清晰。好的短视频内容作品文案应该条理清晰、层层递进，使粉丝大众可以由表及里地一层层地揭开短视频的面纱，看清短视频运营者所要表达的内容作品的真实想法。

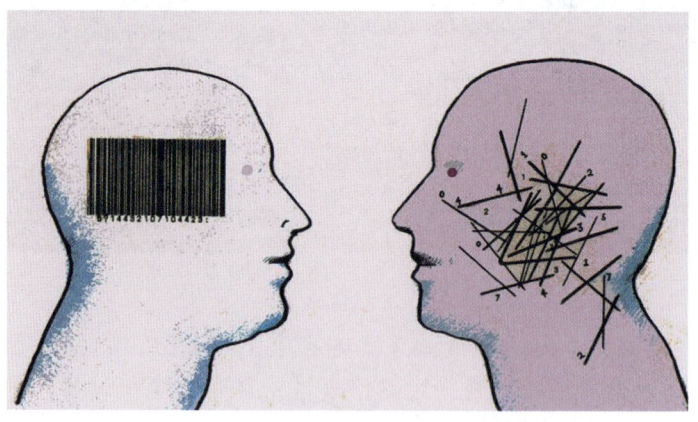

5.4.2 何为名人效应

名人指在当下社会中或某个领域具有一定知名度和影响力的人物。他可以有效地带动周边一群人或一个阶层的利益和态度，是短视频运营生态的KOL。名人效应影响力巨大，会对短视频各平台的粉丝大众产生广泛而深刻的影响，其特点主要表现在以下几个方面。

（1）大众熟知。明星大V通常活跃于各大短视频平台，活跃于社会或生活中的各个领域，常常参与某些热点的话题与事件的讨论，是粉丝大众关注的焦点，因而为粉丝大众所熟知。

（2）意见领袖。明星大V的意见常常为粉丝大众所关注，其一言一行经常被粉丝大众所追捧，具有头雁效应。其对短视频内容产品的体验，常常具有代表性和示范作用，自然就成为了短视频内容作品的意见领袖。

（3）传播迅速。明星大V因其名人效应，因而拥有众多的粉丝。当明星大V对某短视频内容作品作出表态与回应时，可迅速地引起粉丝大众的围观和关注，使相应的短视频内容作品在各大短视频平台迅速传播和发酵。

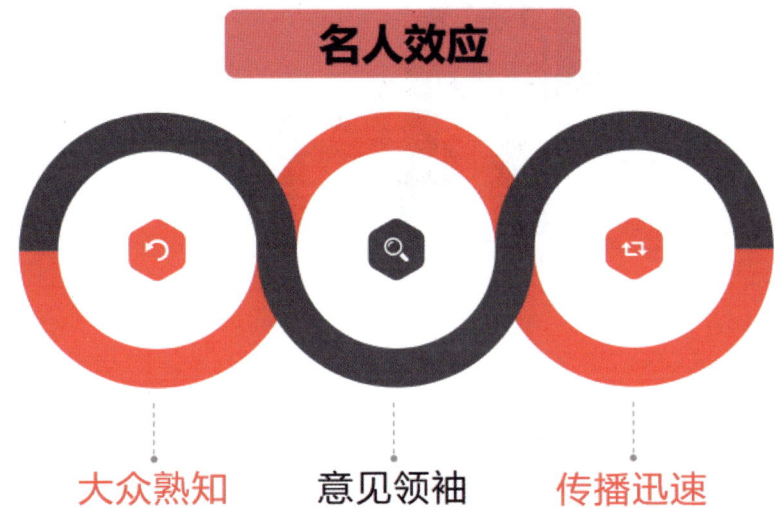

▶ 5.4.3 名人效应 + 文案策划的好处

明星大V自带粉丝与流量，其影响力甚至可以左右某一潮流和趋势，将明星大V的话题、事件与短视频内容作品进行有效的融合，可以创作产生具有强劲冲击力的短视频内容作品，具体如下所述。

（1）易出爆款。有明星大V参与其中的话题与事件的短视频内容作品，更容易引起粉丝大众的关注和讨论，更容易出爆款。

（2）轰动效应。明星大V总是人们茶余饭后谈论的话题，尤其是他们参与的短视频的话题和事件，更容易产生轰动效应，引发粉丝大众的讨论。因此，巧妙地利用明星大V的影响力，短视频内容作品更易于产生轰动效应，图5-30所示即为有明星轰动效应的短视频文案。

图 5-30

5.4.4 如何巧借名人效应

名人效应分为直接效应和间接效应。直接效应是指明星大V亲自参与的话题与事件，是事件的当事人，其任何一句话语和一个动作都会引起粉丝大众的关注。间接效应是指明星大V并未直接参与某一话题或事件，仅是通过各大短视频平台进行间接的点赞、评论或转发关注，产生一定的影响效应。将名人效应巧妙地与短视频内容作品文案进行有机地融合，可以产生一种事半功倍的效果，常见的方法如下所述。

（1）热点事件追踪。针对当下某一热点话题与事件，针对某一明星大V对该话题与事件的表态与发声，短视频运营者应时时关注明星大V的动态，追踪话题的热点，创作出与其文案有关联的优质内容作品，引发粉丝大众对本短视频平台账号的关注。图5-31所示即为有明星动态的短视频文案。

图 5-31

（2）对明星大V号点赞、评论。通常明星大V都在各大短视频平台开设自己的专属账号，短视频运营者可以主动地进到到明星大V号里进行相关内容的点赞与评论，通过主动发声引起明星大V与自己的对话，引起更多粉丝大众的吃瓜围观。通过和名人大V互动，可以提高短视频运营者在粉丝大众前的曝光率。通过提出与名人大V不同的新见解、新观念，带动自身短视频账号的流量。通过评论名人大V的言行获取粉丝大众的认可与关注，增强自身短视频账号的影响力。图5-32所示为黄绮珊的评论引流。

图 5-32

▶ 5.4.5 如何写一个可获得 10 万个赞的短视频标题文案

一个优质的短视频内容作品离不开一个好的标题文案。一个好的标题文案甚至可以带火一个优质短视频账号。一个优质的可获得 10 万赞的短视频标题文案应具有标题简短精练、直达粉丝大众的痛点、生动有趣、有梗有料、使人如饮甘泉的特点。如何写出一个可获得 10 万赞的短视频标题文案呢？常用的方法如下所述。

（1）借助热点事件。
（2）借助时令和节日。
（3）借助各大热搜排行榜。
（4）戳中痛点。
（5）引发好奇。

▶ 5.4.6 如何写一个可获得 10 万个赞的个性签名

短视频的个性签名是短视频平台账号的灵魂标签。短视频内容简介应包含短视频运营者的运营愿景、内容范围和作品理念等,同时还应包含运营者的联系方式。个性签名常用的表现方式有以下几种。

(1)引用名人名句。此方式一般用于励志类、正能量、感悟型的短视频账号的签名,多引用诗词歌赋来表达短视频账号的内容。

(2)人生真实感悟。此方式通常用一些生活当中的真实感悟、警句良言来表达对工作和生活的理解,许多心灵鸡汤类的短视频账号常常用这类签名。

(3)个性化语言。通常一些才艺类的或短视频运营者有着强烈鲜明的个性人设特点的短视频账号,常常采用个性化风格的语言来表达个人的生活理念和处事态度,使人印象深刻过目难忘。

(4)奇葩吐槽。一些泛娱类的短视频账号常采用此类签名方式来表达自己的一种理念或情绪,因表现方式出位,易引起不同观念者的争论和吐槽。

(5)英文座右铭。一些学术类的或有着较高学历的精英阶层所运营的短视频账号常采用此类签名,尤其一些有海外背景或经历的账号更喜欢这种表达方式。

(6)调侃自嘲。一些个人的短视频账号,喜欢通过自嘲自黑调侃的方式来加强粉丝大众对自身的理解,一些娱乐搞笑类的短视频账号也常用此类的表达方式来营造鲜明的个性账号。

5.5 竞品分析报告

短视频运营者在从事短视频账号运营之前,通常都要做竞品分析报告。竞品指与短视频运营者所要从事的内容运营有相同或相近的内容输出,是自身对标的竞争对手的内容作品。通过对竞争对手的短视频账号内容作品进行分析,既可以从战略上了解行业的背景、氛围、目前的竞争态势、市场份额、潜在风险、未来趋势等,又可以从战术上了解对标短视频账号的定位、栏目设置、色彩风格、营销思路、商业模式等。竞品分析报告通常包含以下内容。

(1)同行对标。同行对标是短视频运营者从事市场运营时首先要关注的。同行既是自己的朋友,又是自己的"敌人",正所谓"知己知彼,百战不殆"。通过对对标同行竞争对手的分析,短视频运营者可以清晰地了解目前的市场动态、竞争对手的定位、市场份额、营销策略,看清对标账号的长项与短处,避开其锋芒攻击其软肋,从而在激烈的短视频红海市场中找到自己的生存发展之地。

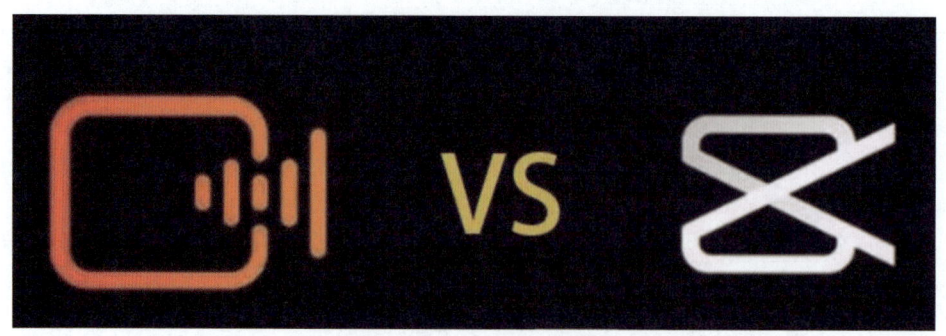

（2）内容数据。短视频的竞争最终是数据的竞争，内容数据就真实地反映了短视频账号在市场中存在的价值和作用。短视频运营者一定要通过对大量内容数据的分析，通过第一手真实的内容数据，才能发现短视频内容作品的真实情况，找准竞争对手的市场定位及自身的目标定位。图5-33所示即为对短视频行业市场规模的分析样例。

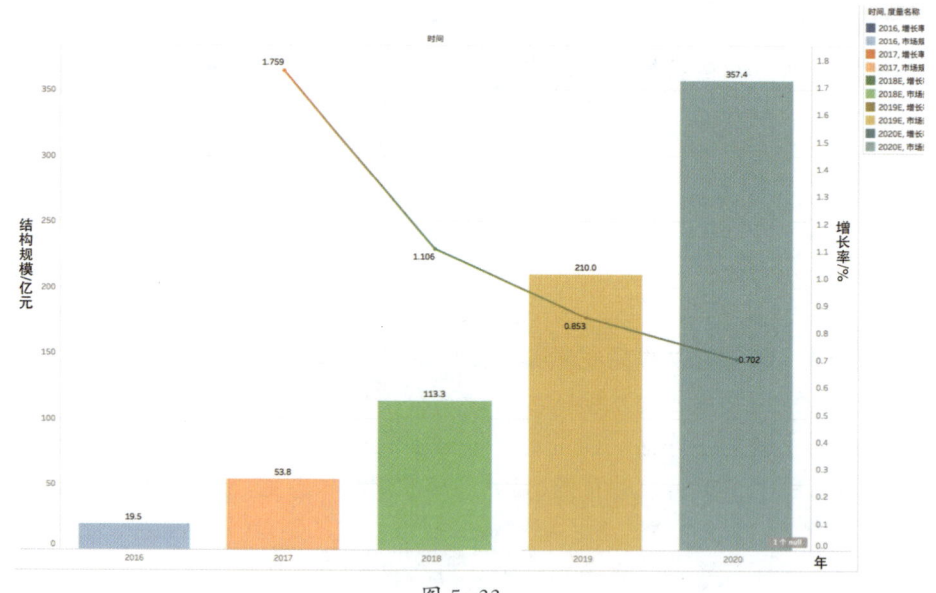

图 5-33

（3）营销策略。通过对短视频市场和对标账号的竞品分析，分析竞争对手的市场营销的策略，我们可以更理性地看待目前短视频账号的生存与发展状态，发现对标账号竞品的运营思路，找出与之相对应或更优于竞争对手的运营策略，使自己的短视频内容作品更有价值。图5-34为某网红明星在直播中带货。

图 5-34

（4）生产规模。竞品报告中的生产规模既包括短视频账号的总体生产规模，又包含竞品对手单个短视频的生产规模，包括内容、时长、成本等。

（5）用户需求。短视频内容作品最终都是为了满足粉丝大众的需求，短视频平台账号运营者通过对用户需求的了解与分析，通过大量对标账号的比对，才能发现粉丝大众更真实的需求，从而发现市场空间，创作出相应的内容作品。

（6）诉求点。诉求点即粉丝大众市场痛点的外化表现，是短视频内容作品输出的更为具体的内容作品，其更简单直接地反映了粉丝大众对短视频内容作品的具体需求。抓住诉求点就是抓住了目标市场的痛点。诉求点是短视频运营者与粉丝大众交集的一个临界点。专注于诉求点，更利于短视频平台账号内容作品的定位。

（7）爆发点。爆发点指短视频账号所在的整个垂直行业市场的一个爆发期的起始点，是目标竞争对手内容输出的发力点。关于爆发点，更多的应关注在什么时期、什么地点，以何种方式进行输出与爆发。找准爆发点，有利于短视频账号运营者更加明确内容作品输出的时间、地点和方式。

（8）成长点。成长点指短视频内容作品目标市场未来的成长空间，通常理解为对标账号或竞争对手内容作品发展的趋势和方向，以及短视频账号运营者自身的内容作品未来的成长空间。成长点的大小决定了自身账号未来发展空间规模的大小，是短视频账号内容作品持久的动力和源泉。一个短视频账号的运营，并非是一朝一夕的事情，会经历种子期、生长期、成熟期、变现期、衰退期和死亡期。短视频账号运营者只有看清了竞品报告中的诉求点、爆发点和成长点，才能看清短视频账号运营的定位、策略、营销方式、思路等。

（9）战略规划。战略规划是短视频运营者对目标市场总体的宏观把控与策略，既包含对短视频目标市场的整体分析，又包含对对标账号竞争对手整体的分析，同时也包含对自身短视频平台账号整体的规化和策略。

（10）企业文化。企业文化是短视频运营的精神内核，包含短视频账号的企业愿景、经营理念、价值观、行为方式等，是短视频账号运营的内在的驱动力。通过对短视频目标市场竞争对手企业文化的分析，我们可以更好地从精神层面对短视频运营有更为透彻的理解。

（11）财务分析。财务是企业运营的血液。从事短视频账号的运营，其内容作品的输出离不开人、财、物的支持。通过对短视频竞争对手的财务进行分析理解，可以很清淅地看清对标账号竞争对手在短视频账号总体投入的资金、运营过程和结果状况，同时也能清晰地定位自身的目标市场，以及所要从事的短视频内容作品的输出需要多少的资金量、运营方式，并初步地预测运营的阶段和结果。

（12）风险预估。从事任何行业都存在风险，从事短视频账号的运营也不例外。短视频内容作品作为一个文创产品，更加存在着各种不确定因素，稍有不慎就会白白浪费大量的人力、物力、财力。因此通过对现有短视频市场的风险进行分析，通过对短视频市场总体的预估评判，形成一份短视频内容作品的风险方面的评估报告，提出初步的解决预案，为短视频平台账号的运营提供决策依据和保障。

（13）人员配置。任何运营都离不开人的因素，从事短视频账号的运营更是离不开人才。短视频账号运营作为一个相对人才集中的行业，更需要高度重视人员的配置。通过对对标账号背后的运营团队人才的分析，通过对短视频内容创作和输出阶段所需要的各种人才的岗位配置的分析，短视频账号运营者可以从管理层面更好地为岗位人员配置制订方案和管理策略。

（14）生命周期。任何事物都有生命周期，世界上没有一种物质是永恒的。短视频账号的运营也有生命周期，通过对短视频对标账号内容作品进行生命周期的分析，可以很清晰地看到竞争对手对标账号目前所处的阶段及未来的发展趋势，有利于短视频账号的运营者从自身定位出发、从内容作品出发，制订对应的方案和策略，确保账号的良性循环与生长。

图 5-35 展示了竞品分析报告的主要内容。

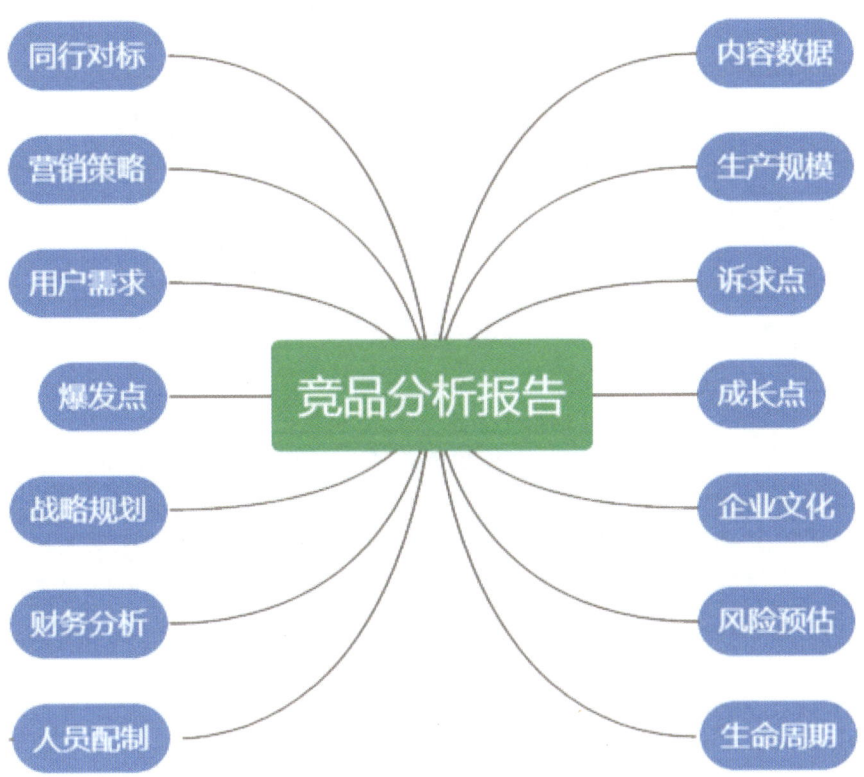

图 5-35

5.6 短视频账号类型

5.6.1 从点赞率、评论率看短视频账号类型

随着短视频平台的崛起，短视频平台账号的运营作为当下最火爆的创业项目之一，吸引了大批的自媒体创作人员，也吸引了大批的民间高手、实体经济的转型者和兼职创业者，形成了短视频行业汹涌的浪潮。从点赞率、评论率来划分短视频类型，通常有以下几种方式。

（1）网红号。通常短视频网红号的点赞率、评论率都非常地高，常常动辄几十万上百万的点赞量和上万的评论量，因网红明星大 V 自身拥有超高的人气和大量粉丝的追随，形成了一个天然的流量，加上平台的流量支持及 MCN 的推波助澜，形成了短视频平台账号天然的头部网红号。网红号是短视频内容作品的主打号，是短视频平台最活跃的账号。

（2）营销号。营销号是短视频运营者为了某种利益，通过短视频账号有意识的运营，吸引粉丝大众关注和参与，达到营销和变现目的的账号。通常许多官方号或个人创业者所运营的短视频账号即属此类。营销号的特点是其功利性和目的性相对更直接更明显。营销号的点赞率和评论率常常因内容作品的质量高低而波动较大。

（3）娱乐号。娱乐号指短视频运营者将账号作为正常的娱乐信息发布的平台，向粉丝大众传递与自己相关的信息，更多的具有记录和娱乐的泛娱性质。在达到一定量的点赞和评论时，娱乐号因拥有众多粉丝而转换成网红号。

（4）企业号。以企业为注册单位的主体，对外的官方视频号称为企业号。企业号常常代表一个企业的形象，所发布的内容作品常常为官宣，是一个企业对外展示、营销和沟通的门户窗口。优质的企业号可以为企业带来大量的粉丝和销量，通过在线的直播活动，可形成瞬间的销售高峰。企业号的垂直度相对较高，粉丝大众点赞和评论相对更专一，也都较为理性。

（5）个人号。现在各种短视频平台风起云涌，每个人都可以通过自己的手机注册短视频的个人号。个人号是个人实名制注册认证的短视频账号，更多地具有个体私人的属性。个人号发布的内容作品常常是个人工作的点滴、生活的感悟和日常的娱乐，更多的是个人小情绪、小确幸的表达。个人号常因其个人魅力而引起粉丝大众的点赞和评论。

（6）知识号。短视频平台的开放，使越来越多有某一方面知识专长的人通过在线直播讲解，或视频音频的付费课程向粉丝大众传播知识，形成知识付费专属的短视频账号，简称知识号。知识号的垂直度相对较高，粉丝相对的忠诚度、黏性、专业性也较强，点赞和评论也更专业、理性。

（7）科普号。通过短视频账号内容作品向粉丝大众传播一些自然或人文方面的科学知识，使粉丝大众或专属的研究人员相互进行探讨与交流，这种具有社群属性的短视频账号，我们称之科普号。科普号更多地具有工业性质和服务特点，其点赞和评论相对较少。

短视频账号类型可简单形象地用图5-36表示。

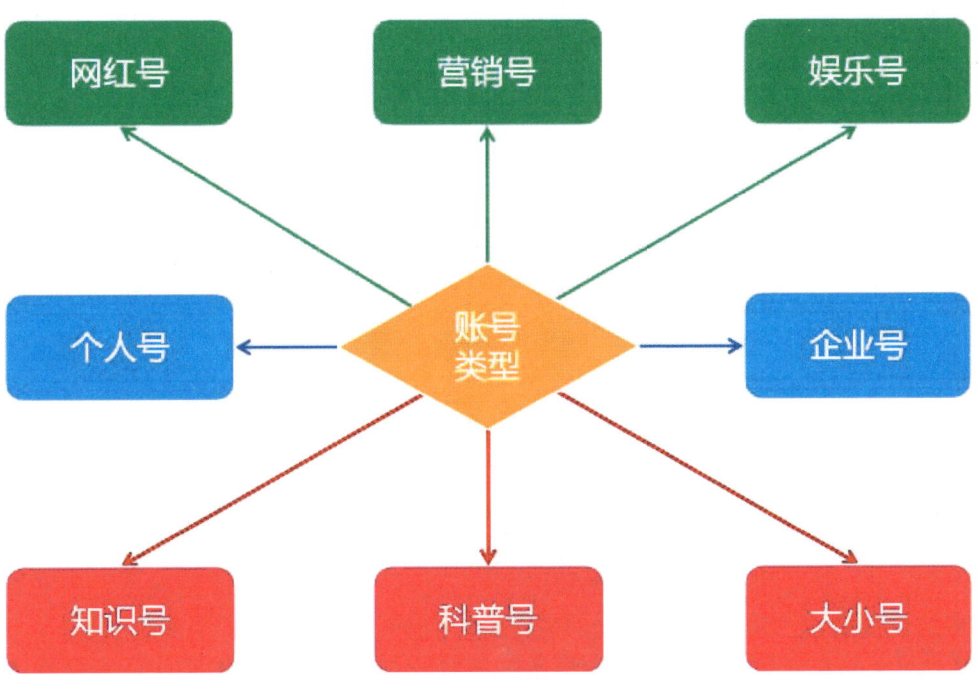

图 5-36

5.6.2 从转发率、完播率看短视频账号类型

短视频内容作品的转发率和完播率是考量短视频账号价值的重要参数。一个优质的短视频账号，因为其内容作品的优秀而获得亿万次的播放量，其中含粉丝大众的高转发率和完播率，形成了短视频内容作品的网红爆款，被众多的短视频平台和账号转发。一个劣质的短视频账号，其内容作品因为价值的平庸而不被粉丝大众完整观看和收藏转发，形成低转发率与低完播率，甚至于接近零转发量。通过短视频账号的转发率和完播率，我们可以清晰地知道短视频账号归属于哪一种类型。

5.6.3 爆款短视频的特点

爆款短视频因为其高播放量、高点赞量、高评论量、高转发量而为广大短视频平台账号运营者所追捧。大家纷纷绞尽脑汁想尽各种方法，力争制作出一条播放量破亿万次的爆款原创内容作品。常见的爆款短视频内容产品有以下这些特点。

（1）引发关注。爆款短视频内容作品一经推出，立刻会引起粉丝大众的热情关注。

（2）热点讨论。爆款短视频原创内容作品，因其独特的价值与调性而为粉丝大众所关心，引发热烈的讨论。

（3）引发共鸣。爆款短视频原创内容作品，常常从人性的角度和事物发展的规律出发，因其强烈的视觉和听觉的冲击而引发粉丝大众共鸣。

（4）点赞率和转发率高。爆款短视频原创内容作品，因引起吃瓜群众的共鸣和粉丝大众的拥护而被大量的关注、点赞、评论和转发。

（5）评论率和完播率高。爆款短视频原创内容作品因其强烈的视觉和听觉冲击，或因其内容的神反转等的不同，而引发大量评论和播放，形成高评论率和完播率。

5.6.4 同行短视频竞品数据分析

分析同行的短视频竞品数据可以使短视频运营者少走弯路，少踩坑，减少短视频内容作品创作所容易进入的误区。通过竞品短视频内容作品创作的示范路径，在内容作品输出之前便可以预测短视频内容作品的展示效果。借鉴竞品的实操方案，并在此基础上进行优化组合，原创出更多更优质的短视频爆款内容作品。

5.7 脚本分镜案例展示

5.7.1 分镜头脚本的作用

分镜头脚本是从事短视频内容作品创作必不可少的前期准备。分镜头脚本的作用就好比是建筑大厦的蓝图，是摄像师进行拍摄及剪辑师进行后期制作的依据，也是演员和全体创作人员领会编导策划的意图、理解剧本创作内容、进行二次再加工的依据。

（1）导演剧本。分镜头脚本是导演策划将构思的内容素材编制成文案，创作人员进行具体拍摄和制作的参考文本。

（2）摄像指南。摄像师在从事短视频内容作品拍摄时，将依据分镜头脚本所规定的拍摄方法和时长，进行具体的拍摄。

（3）剪辑参照。分镜头脚本是后期制作人员、剪辑师在从事短视频内容作品创作后期进行加工的文本参照。剪辑师依据短视频分镜头脚本，对初步拍摄的短视频内容素材进行精准的剪辑、加工、制作，删除一些不必要、多余或重复的短视频镜头，从而使短视频内容作品更能体现编导的创作意图。

（4）配乐基调。分镜头脚本是后期制作人员、剪辑师在从事短视频内容作品创作后期进行加工配乐时，必须严格遵循的配乐基调。剪辑师依据分镜头脚本所规定的短视频内容作品的背景音乐，选取相对应的BGM（背景音乐）音乐作品，制作成音频文件，将其添加到短视频内容作品的视频文件当中，形成音效合一的完美的短视频内容作品。

图5-37为分镜头脚本的样式例子。

镜号	画面	内容	对白	时间
6		近景	严禁携带易燃易爆物品……	6"
7	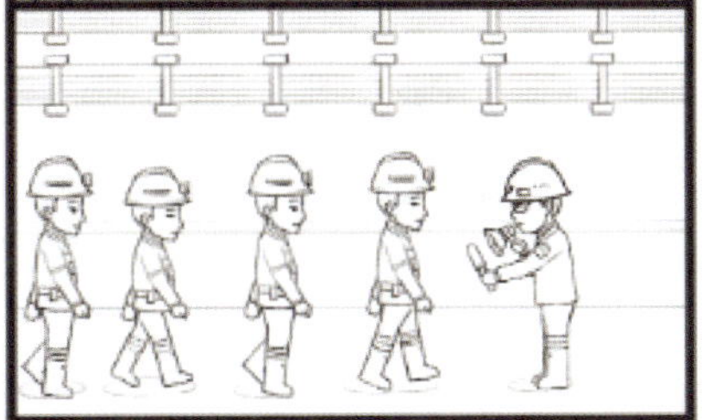	全景+转场	进入现场后服从工作人员指挥……	4"
8	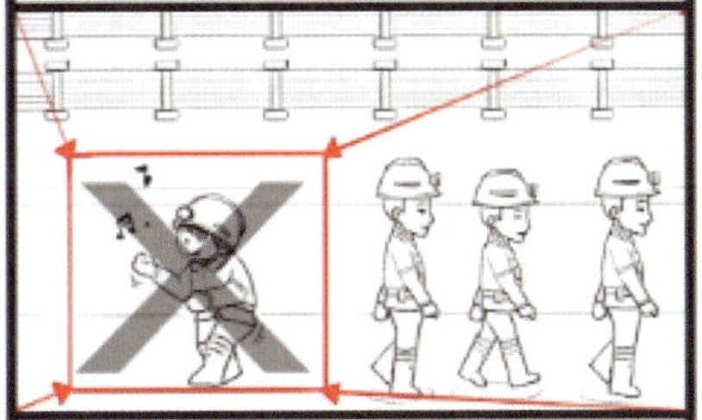	全景转近景	请不要擅自离开队伍……	6"
9		近景	参观过程中请遵守各类安全指示牌的指示……	8"
10	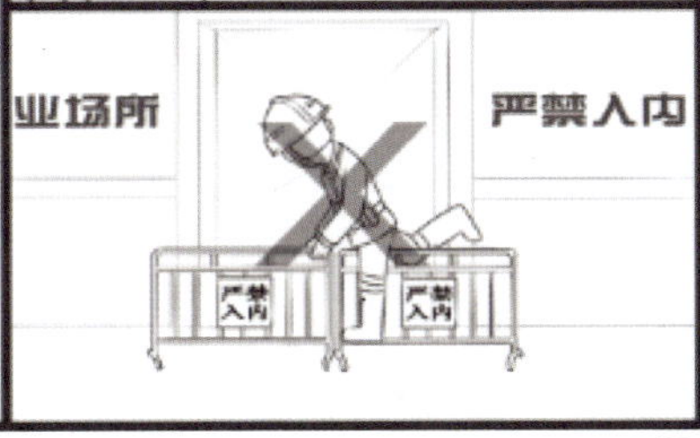	近景	不要进入设立安全警戒和防护栏杆的区域……	4"

图 5-37

5.7.2 分镜头脚本的特点

分镜头脚本具有短小精悍、表格化的特点，以秒为单位。常见的分镜头脚本应包括以下内容。

（1）拍摄方法。分镜头脚本会清楚地标注每一个镜头的拍摄方法，摄像师通过分镜头脚本的提示进行短视频的拍摄工作。常见的拍摄方法有：固定+近景、固定+中近景、特写、运镜等。

（2）拍摄时长。分镜头脚本会清楚地标注每一个镜头拍摄的时长，摄像师根据脚本的提示对每一个画面进行拍摄。在实际工作中，摄像师常常会根据内容创作的需要和现场的实际情况，拍摄更长时段的画面，以供后期剪辑制作时使用。

（3）拍摄画面。分镜头脚本会清晰地标明短视频内容作品对每一个镜头的画面要求，用简洁朴实的话语客观地描述分镜头所要呈现的画面效果，为后期的剪辑制作提供所需的视频素材。

（4）屏显对白。屏显对白是短视频内容作品中演员的台词对话，或者是短视频内容作品的画面文字提示或画外音。分镜头脚本必须清楚地标明每一段屏显对白与相对应的短视频画面的要求，以达到音频和视频同步的效果。

（5）背景音乐。分镜头脚本必须清楚地标明在不同的时间段所需要的背景音乐，这有利于剪辑师在后期从事短视频内容作品制作时，根据分镜头脚本的提示去寻找相匹配的音乐素材及特殊音效，将其加入短视频内容作品的视频文件当中。

（6）备注事项。对一些需要特别注意和提示的方面，分镜头脚本应以备注事项的方式，对所有的短视频制作人员在实操过程中进行提醒。

5.7.3 如何写好分镜头脚本

优质的分镜头脚本，犹如短视频内容作品创作中的效果图，是短视频创作中编导策划意图的体现，是摄像师行动的指南，是剪辑师后期制作的参谋助手。写好分镜头脚本通常要注意以下几点。

（1）多看同行对标的作品。通过大量阅读观看同行对标的短视频内容作品，可以提高短视频运营者的审美标准。引用和借鉴同行优秀的短视频内容作品创作的经验和表现手法，分析其作品创意和效果的得失，加以改进和揉合，创作出更多更好的分镜头脚本。

（2）多听热门影视音乐。热门影视音乐本身自带流量和粉丝，其独特的短视频网红属性会为内容作品加分添彩。在分镜头脚本的创作过程中，选择好一首贴近作品主题并引发粉丝大众共鸣的音乐，对短视频内容作品创作至关重要。

（3）多思考生活体验。创作来源于生活又高于生活。短视频内容作品的创作因其开放性和广泛性而更应该贴近生活、贴近大众，要想写好短视频分镜头脚本，短视频内容创作者就应该更多地思考、体验生活，通过亲身经历和感悟，创作出更多更好的优秀短视频内容作品。

（4）多进行科技尝试。科学技术日新月异，各种短视频拍摄制作器材层出不穷，各种短视频加工软件、APP大量涌现，及时地学习和运用这些科技技术，通过AR、VR、三维动画等新技术的植入，可以使短视频内容作品产生奇异的效果。

（5）从借鉴到原创。短视频内容作品的创作，分镜头脚本的撰写，需要经历一个从借鉴到原创的过程。借鉴不是简单的模仿照抄，而是要学会其思维方式和创意内容的表现手法，然后加入一些对生活对内容作品的理解，创作出更有内涵更有创意的短视频内容作品。原创指在有一定的创作经验的基础上，通过自身的思考与努力，短视频团队分工协作，创作出独具匠心的原创爆款短视频。

第6章
借机发挥
——巧妙发布短视频

短视频运营者通过巧用话题热点,然后借助热点话题与短视频内容作品之间的关联,创作新的短视频内容作品,并通过@官方小助手、@热点话题等方式,借题发挥,将短视频内容作品与当下的时尚热点进行有机的结合,巧妙地进行发布,吸引更多流量与关注。

6.1 让文字标题给作品锦上添花

优质的短视频内容作品也需要选择好发布的时机,就犹如一个有实力的好演员,需要在适当的时机,将自己的才艺呈现在观众面前,才能获得大家认可。优质的短视频内容作品通过一些技术性的处理,适时地发布,让短视频账号成为热门账号,让短视频内容作品成为热门爆品。文字标题的优劣,决定了短视频内容作品的第一印象,因此必须重视短视频标题文案的创作。关于文字标题要注意以下几点。

(1)文字标题是作品的封面。粉丝大众对短视频内容作品的理解,首先是通过短视频标题产生第一印象,从而判断是否要点击打开。优质的文字标题会第一时间吸引粉丝大众的关注,让人眼睛一亮并产生立即点击观看的冲动。

(2)优质的标题会引发好奇与关注。优质的标题应主题突出,言简意赅,能充分地洞察人性,吸人眼球,一些带有争议性的槽点及有梗有料的标题,会引发粉丝大众的共鸣和讨论。图6-1为HOTNUMBER品牌的标题海报。

图6-1

6.2 巧妙 @ 官方小助手

从事短视频账号的运营离不开各大短视频平台的支持和帮助，各大短视频平台也会根据自己运营的需要，设立自己的官方号和助手号，及时地以官宣的形式发布一些行业动态、规则调整、细节变化和扶持活动以及注意事项等，以帮助更多优质短视频账号从事账号运营和管理。关注短视频平台的官方号或助手号，可以确保短视频账号沿着正确的主流发展方向得以良性循环和发展。同时短视频官方号和助手号，作为在短视频平台生态里出现率极高的词汇，@ 官方小助手作为关键词，可以更好地获得关注与推送，具体表现如下。

（1）引起官方关注。@ 官方号和官方小助手可以自然地引起短视频官方的关注，获得更多的推送机会。

（2）紧跟平台主流规则。各大短视频平台运营规则一直在不断地迭代更新和调整，及时关注和学习短视频官方号和官方小助手的内容，可以紧跟短视频平台的主流规则，避免走弯路。

（3）争取平台流量扶持。为配合短视频平台整体的规化和发展，各大短视频平台会不定期地出台一些新的流量扶持政策和活动，@ 官方号或官方小助手可以争取到短视频平台流量的扶持和推荐上热门的机会。

（4）增加平台关键词植入。@ 平台的官方号或官方小助手，可以有更大的概率作为关键词被短视频平台推荐到更大的流量池。

6.3 巧妙 @ 热点话题

短视频平台的运营理念是用户思维，粉丝大众想看什么内容，平台就会相应地推送相关的内容，即所谓的千人千面、垂直推荐。热点事件和话题作为粉丝大众最为关注的短视频平台的内容，因其流量爆款而为短视频平台所重点关注，@ 热点话题，可以让短视频运营者将自身的内容作品更多地与热点的话题或事件进行关联，获得更多的流量支持。具体表现如下所述。

（1）增加关键词搜索。通过 @ 热点话题，可以增加平台对关键词的搜索，通过推荐被更多的粉丝大众所看到。

（2）增加事件关联度。短视频平台在运营过程中，自有其内在的运营规则和机制，一些热门的话题和事件会被重点地关注和流量扶持，通过 @ 热点话题增加与事件的关联度，可以获得更多流量扶持。

（3）增加流量引发讨论。短视频的热点话题和事件本身自带流量和槽点，通过@热点话题，巧妙地引导粉丝大众对话题和事件开展讨论，更多地引起粉丝大众对热点话题及本视频内容的关注。

6.4 巧妙发起话题

话题是内容的关键和焦点，是粉丝大众所关注的重点，短视频内容作品创作作为文化创意产业之一，更加要重视话题的选择和发起。任何短视频内容作品都有话题，我们可以从人性的角度、价值观的角度、社会的角度、情感的角度等深入地挖掘事物的本质和属性，提炼成容易引起大众广泛关注的热点话题，带动本短视频上热搜而形成爆款短视频，具体应注意以下几点。

（1）以事实为出发点。任何事物的发生、发展及结局，都是以事实为依据，大众更愿意看到事件的内容及其真相，如果短视频内容作品的创作以事实为依据，坦诚公开地向粉丝大众展示真相，发起话题，便可以引起大众的关注和认同。

（2）从人性角度考虑。人性是人的本来属性，是人们灵魂深处的价值思考，短视频运营者在从事内容作品创作的时候，可以通过一些事件的桥段和情节，从人性的角度去挖掘和分析，提炼话题，引发大众的关注和思考。

（3）从社会角度出发。短视频运营者在创作时，应从社会公序良俗的角度出发，从普世的价值观出发，对一些行为和表现进行社会价值的表态与发言，引发大众的关注和讨论。

（4）从情感的角度去出发。亲情、友情和爱情等历来是人类社会永恒的主题，短视频运营者在从事短视频创作时，通过对一些事件、行为、语言、方式等方面的反映和态度，从情感的角度去反思与叩问，提炼出亲情、友情和爱情等方面的共性话题作为标题文案，引发关注与讨论。

（5）从专业垂直角度出发。通过相关领域的垂直内容的展示，通过对数据的检测，以严谨细致的态度对相关领域的垂直内容作深度的探讨与思考，提炼成相关的话题，呈现在短视频的标题文案当中，引起相同粉丝大众的关注。

综上所述，只要我们勤于思考，勇于探索，以客观、公正、冷静、理性的态度看待这个世界，分析事物的产生、发展与结果，我们一定会寻找出无穷无尽的短视频创作的热点话题。

6.5 让热门音乐为短视频添光增彩

6.5.1 什么是热门音乐

音乐是人类最美好的语言，旋律优美、曲调流畅的音乐，是人类永恒的朋友，热门音乐更是音乐中的爆款。短视频运营者在从事短视频创作的时候，巧妙地植入一些热门音乐或者以热门音乐作为背景音乐（BGM），可以更加完美地表达创作者的情绪和态度，更好地表现作品的内容和节奏。常见的热门音乐具有如下特点。

（1）大众流行。大众流行犹如汹涌的潮流，大众流行的音乐口口相传，广为传唱，表达了当下社会普遍大众的情绪和价值。

（2）当下热点。热点音乐代表了当下音乐的流行趋势，是粉丝大众内心奔涌的思想的血液。

（3）高速传播。热门音乐可一夜之间在各大平台线上线下传播开来，具有高速传播的特点。

（4）传唱翻唱。许多经过岁月沉淀的经典老歌，通过重新的配乐，进行传唱和翻唱，可重新焕发出青春，显示出强大的艺术生命力。

（5）有节奏特点。一些有着鲜明地方特色的歌曲或卡点音乐，在节奏上都有深深的历史文化烙印，而且有节奏感奇特、强烈而又优美的特点，令人如痴如醉。

6.5.2 热门音乐带来的奇效

热门音乐可对短视频内容作品起到推波助澜的渲染作用。短视频热门音乐应满足以下条件。

（1）令人耳目一新。热门音乐可令人耳目一新，听之如饮甘醇。配合短视频内容作品，可使人精神为之一振。

（2）跟唱翻唱。热门音乐会引起粉丝大众的跟唱翻唱，增加短视频人气指数。

（3）BGM伴奏。优质的BGM可更好地表达短视频内容作品的主题和情绪，使其更便于粉丝大众的理解。

（4）特效卡点。一些特效卡点的热门音乐，节奏欢快明亮，幽默搞笑，可增加粉丝大众的轻快愉悦感。

（5）嘻哈说唱。一些说唱类的短视频热门音乐节奏感强烈，通过分段反复地说唱，可给粉丝大众带来许多意外的惊喜。

6.5.3 巧用热门音乐

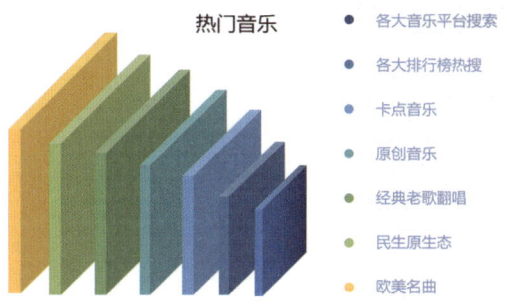

短视频热门音乐取材广泛、渠道众多，巧用热门音乐为短视频内容作品增光添彩的常用方法如下所述。

（1）各大音乐平台搜索。通过在线上各大音乐平台进行搜索，短视频运营者可找到自己所需要的热门音乐作品，然后购买并下载使用。图6-2所示为网易云音乐的飙升榜。

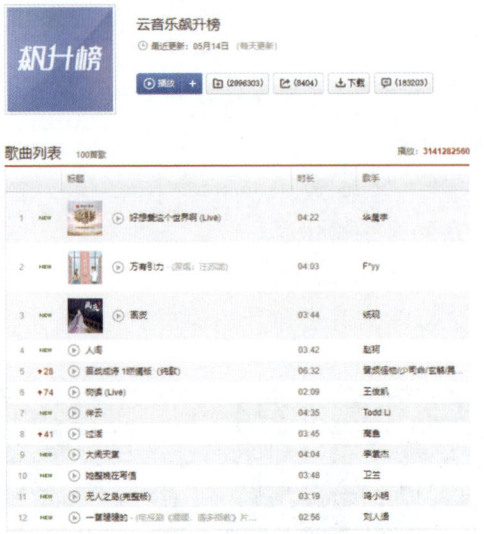

图 6-2

（2）各大排行榜热搜歌榜单。通过对线上各大音乐排行榜热搜歌榜的搜索，短视频运营者可找到自己所需要的歌曲，在购买后下载使用。图 6-3 所示为美国 Billboard 的周榜。

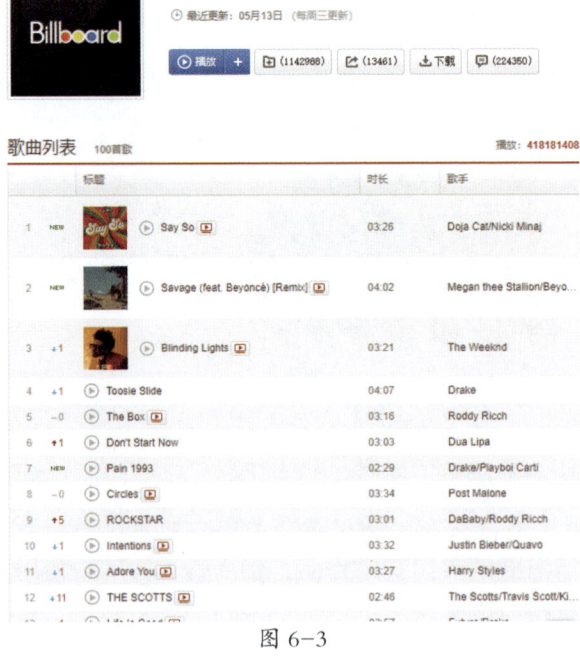

图 6-3

（3）卡点音乐。巧妙地利用热门卡点音乐，可为短视频增光添彩。

（4）原创音乐。支持使用原创的音乐作品，可以让粉丝大众通过原创音乐更好地理解短视频内容作品。

（5）经典老歌翻唱。将一些传统的精典老歌重新配乐翻唱，并将其应用到短视频的内容作品中，可以起到令人耳目一新的效果。

（6）民谣原生态。一些被埋没在民间的原生态民谣歌曲，因其年代久远、曲调悠扬动听、歌词直达人心而深深被广大民众所喜爱，短视频运营者如能巧妙地利用原生态民谣，将其植入内容作品中，会收到意想不到的奇效。

（7）欧美名曲。一些经典的欧美名曲经历了岁月的沉淀，其曲调悠扬而深沉，如果短视频运营者合理地将其引用到自己的短视频创作当中，也会收到奇异的效果。

6.6 添加位置引发同城关注

6.6.1 添加位置的好处

任何短视频账号都有一个 IP 地址，任何一个用手机号注册的短视频账号都有一个归属地，短视频运营者在从事短视频账号运营时，离不开对 IP 网址和归属地的依赖。在发布新短视频时，适当添加自己的 IP 地址，根据各大平台不同的推送机制，可以优先同城推荐。具体可带来如下的效果。

（1）引发同城关注。各大短视频平台运行规则不同，推荐机制也不尽相同，但通常平台会根据短视频账号的注册 IP 归属地，优先推送给同城的账号，通过相应的同城熟人、朋友圈人脉，引发同城关注与互动。

（2）引爆通讯录好友。各大短视频平台会根据平台账号注册 IP 归属地，穿透运营者的通讯录好友，其中包括个人好友与其他软件短视频 APP 的网络好友，引爆你生活工作的社交朋友圈，运营者在发布新短视频的时候，添加位置可以迅速地引爆通讯录好友。

（3）引发手机号注册地区同城。短视频账号的运营者在发布新作品时添加位置，可以充分地利用短视频平台运营规则和运算的机制，吸引手机号注册地区同城人或附近人的关注。

（4）让粉丝知道位置。短视频运营者在发布新作品的时候，适当地添加位置，可以进一步拉近运营者与粉丝大众的距离，让粉丝知道运营者所处的地理位置。

▶ 6.6.2 如何添加位置

短视频运营者在发布新内容作品的时候，可以通过实际的网络注册地来进行位置添加，也可以通过预先设定好的粉丝大众群体相对集中的地区进行位置添加，从而更好地利用同城推荐达到运营的效果。

6.7 巧用发布时间效果更好

▶ 6.7.1 流量时间分布

短视频内容作品最终是为粉丝大众服务的。短视频平台流量的高低起伏取决于粉丝大众的登录习惯、在线时长、受众偏好等。各大短视频平台因其粉丝大众的特点不同，流量峰谷时间也不相同。流量时间统计通常分为五个时间段。

（1）上午。从早晨 5 点到上午 10 点，该时间段大批的粉丝人群分别处于上班、上学、晨练时间，该时间段是短视频粉丝流量的第一个小高峰期，相对的单个粉丝停留在短视频平台上的时长较短。

（2）中午。从上午 10 点到下午 3 点，该时间段大批的粉丝人群分别处于单位工作、午休、午餐阶段，该时间段是短视频粉丝流量的第二个小高峰期，相对的单个粉丝停留在短视频平台内容上的时长较短，但总体粉丝流量大于早晨第一个小高峰期。

（3）下午。从下午 3 点到晚上 7 点，该时间段大批的粉丝处于工作、下班、放学、路途中，该时间段是短视频粉丝流量的第三个小高峰期，相对的单个粉丝停留在短视频平台内容上的时长较短，总体粉丝流量与中午第二个小高峰期基本相当。

（4）晚上。从晚上 7 点到午夜 12 点，该时间段大批的粉丝处于晚餐、休闲、娱乐阶段，该时间段是短视频粉丝流量的第四个高峰期，相对的粉丝停留在短视频平台内容上产生的流量最大，单个粉丝停留在短视频平台上的时长最长，总体粉丝流量为一天中的最大高峰期。

（5）深夜。从午夜 12 点到清晨 5 点，该时间段大批的粉丝处于休息状态，该时间段是短视频平台流量最低的低谷期，相对的粉丝停留在短视频平台内容上产生的流量最小，该时间段相对活跃的都是短视频账号的专业运营者，例如，一些才艺类、知识付费类的短视频账号运营者，一些从事短视频直播的活跃主播等。该时段的粉丝一般停留在单个短视频账号内容上的时长最长，总体粉丝流量是一天当中的最低期。

▶ 6.7.2 不同短视频题材的发布时间

不同的短视频内容作品因自身所带的特质和文化属性的不同，因而也呈现各自的特点。例如，科普养生、运动类的短视频内容作品适合在上午发布；新闻资讯财经类适合在中午发布；学习休闲类适合在下午和晚上发布；才艺类或感悟类适合在晚上或深夜发布等。短视频账号内容作品的发布时间总体上与各大卫视等传统视频类的平台或媒体发布的时间规律基本相同。但由于短视频平台发布的内容受下列因素的影响：碎片化的时间、智能网络化的移动端、粉丝大众的消费习惯、内容作品垂直定位等，因而短视频发布的时间各不相同。短视频账号每一次发布新的内容作品，都要根据其自身的定位、粉丝大众的习惯等，制定专属于自己的发布时间，切忌盲目模仿，照搬照抄。短视频运营者在发布一定数量的短视频内容作品后，可以打开自己的短视频账号的后台，通过观看、分析和了解粉丝的数据来调整和改进短视频的发布时间。不同属性的短视频平台也有自身独特的定位与属性，因而短视频平台账号发布内容的时间也各有不同。常见粉丝流量高峰发布时间段为：①上午 8:00 到上午 9:00；②上午 11:30 到下午 1:00；③下午 5:30 到下午 7:30；④晚上 9:00 到晚上 11:00。

▶ 6.7.3 巧用发布时间

短视频平台账号的运营者应合理地运用平台的运营规则，巧用粉丝大众的用户习惯，结合自身内容作品的垂直定位，合理地选择发布时间。常见的方法如下所述。

（1）根据粉丝流量峰谷期。短视频运营者在发布新内容作品的时候，首先应该考虑粉丝流量，选择粉丝流量最高的时间段，在流量高峰时进行发布。

（2）根据平台特质。短视频运营者在发布新内容作品时，应该考虑到自己所选择的短视频平台总体的属性和定位。例如，某宝的短视频直播带货，购物粉丝大众大部分为年轻女性，建议发布时间在上午；某音平台因其定位是记录美好生活，相对娱乐属性更强，因此建议在下午或晚上发布短视频新内容作品。

（3）根据内容特质。短视频运营者在发布新内容作品的时候，要根据内容作品的垂直定位及特质确定好自己的专属发布时间。例如，若短视频运营者所从事的是知识付费类的账号运营，主打产品是英语线上课程培训，目标是初中年级的学生，那么就建议他的英语线上培训课程安排在晚上 8 点发布，因为正常目标白天在校上课，相对地，晚上 8 点以后有一个较长的时间段可参加英语课程的培训学习，其他时间段发布则没有如此好的效果。

（4）根据假期特质。短视频运营者在发布新内容作品的时候应考虑到节假日的因素，巧妙地运用好粉丝在节假日会从事一些自己所喜爱的休闲与学习活动的可能，匹配好自身所对应的短视频内容作品进行发布，可最高流量地获取自身所需要的粉丝数。

（5）根据短视频内容作品时长。短视频运营者在发布新内容作品的时候，首先应根据内容作品确定好时长，例如，是 8 秒的作品还是 28 秒的作品，然后从粉丝大众的角度出发，给其留出相对应的观看短视频的时间，据此确定好自身的短视频内容作品的发布时间。有些短视频平台提供了倍速观看的功能，供用户自行选择，如 bilibili 等。

（6）根据精准粉丝。短视频运营者在选择新内容作品发布时间时，应根据自身的垂直账号内容，更多地从精准粉丝用户的角度出发选择自己的新产品发布时间，给精准粉丝以最好的体验。

（7）公布准确发布时间。短视频运营者可在账号的主页个性签名或作品标题简介内，标明自己的新短视频发布时间，进行新内容作品的预告，让粉丝大众产生心理预期。主播也可以在直播间进行直播活动时，以语言或互动的方式告诉粉丝大众下一个内容作品的发布时间，从而引起关注。

6.8 发布同时本地保存视频

短视频运营者在发布新内容作品的时候,应对该短视频进行本地保存,间隔一定时间后,可再次在同一短视频账号进行二次发布。这样便可巧妙地借助平台的规则,达到播放量、点赞量、评论量、转发量等内容的叠加,形成爆款。

第 7 章

高效涨粉
——吸引粉丝有妙招

7.1 巧用矩阵推广运营

7.1.1 什么是矩阵推广

矩阵是一个数学术语,指按照长方阵列排列的复数或者实数的集合,最早来自于方程组的系数即常数所构成的方阵。这个概念是19世纪英国数学家凯利首先提出来的。

矩阵是高等代数中常见的工具,也常见于统计分析等应用学科当中。矩阵作为一种数学模型和思维模式,被广泛应用在市场营销学当中,即形成了一种矩阵推广的理论。

短视频矩阵推广指由多个短视频账号相互组合排列,相互依靠和支持,各有侧重,犹如星座云图,形成更大范围内的短视频内容作品矩阵,全方位地对粉丝大众进行推广与引导,形成一种编队矩阵式的营销,并以规模化的优势,分工化的合作,滋养粉丝大众的短视频生态空间。如,樊登读书会大约有170多个账号,粉丝近3000万,形成了营销推广的矩阵。

短视频矩阵推广犹如滚雪球一样,通过扩大短视频粉丝大众的边际,达到让更多粉丝关注本短视频和营销推广的效果。常见的运营推广方式有以下几种。

(1)不同平台的相同垂直账户为一个群体进行营销推广。在定位好某一个短视频内容作品后,短视频运营者通过对不同的短视频平台进行相同名称账号的注册,有计划地输出相同的短视频内容作品,形成营销矩阵。例如,定位好某个家庭园艺的短视频账号，主打产品为家庭绿植小盆景，那么我们就可以在抖音、快手、淘宝、小红书、B 站等不同的短视频平台注册自己的同名短视频账号，例如"小小花农"等。如果别人已经注册了这个名称的账号，则可改为相近的，如"小小花匠"等账号名称，方便粉丝大众的查询关注，并在粉丝大众心中形成一个规范、整齐、划一的形象效果。

（2）相同平台不同的账户相互借势进行营销推广。短视频运营者在选择定位好某一类短视频内容作品后，在同一个短视频平台以不同的 IP 去注册名称相同的某一类短视频账号，并在以后的短视频管理和运营中发布内容作品，达到以规模流量取胜的效果。例如，定位好从事某类家庭园艺绿植小盆景的内容作品后，我们会以不同的 IP 在同一个平台上去注册名称相同或者相近的账号，如"小小花农""小小花匠"等，接下来以不同的角色定位讲解和传播家庭绿植的养护、施肥、品种以及扦插栽种等内容。从各个方面和角度获得粉丝大众的认同和关注，达到营销的效果。

▶ 7.1.2 矩阵推广的好处

短视频运营者通过合理的定位，在短视频内容生态市场中进行深耕。矩阵推广的好处如下所述。

（1）账号相互打通。

（2）账号相互补充借势。
（3）形成规模效应。
（4）防止意外封号。
（5）形成品牌备用方案及账号。

7.1.3 矩阵推广运营

短视频矩阵运营是一门技术活，它需要运营者有较高的管理水平，从短视频的全局出发，以战略性的眼光和整体的思维对矩阵内各短视频内容作品进行分配与运营管理，及时地调整与处理短视频各账号之间的矛盾与冲突，进行复盘与提升。通常从以下几个方面进行短视频矩阵的推广与运营。

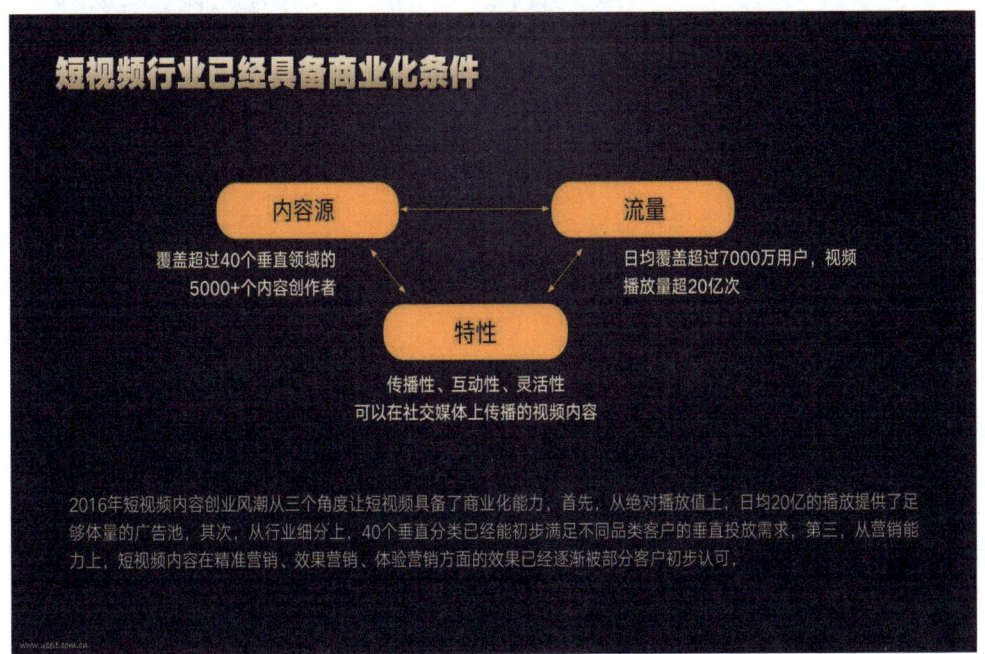

（1）做好矩阵的规划及定位。短视频运营者在从事矩阵运营时，首先应确立单个短视频账号的定位及作用，从全局出发考虑，进行相互配合与支持，通过组合拳的方式去从事矩阵的运营。

（2）分批注册账号。短视频运营者在从事矩阵的运营时，应注意尽量错位开各平台账号的注册时间与IP地址，尽量避免被各大平台误判为过度营销号。分批注册账号时应避免如下两种方式：一种是用同一个IP，以不同的身份主体注册同一内容的短视频平台账号；一种是用不同的IP，以同一个身份主体去注册多个短视频平台账号。正确的操作方法是以不同的身份主体用不同的IP，进行不同短视频账号的注册，遵循各大短视频平台服务大众、记录和分享美好生活的理念和愿景。

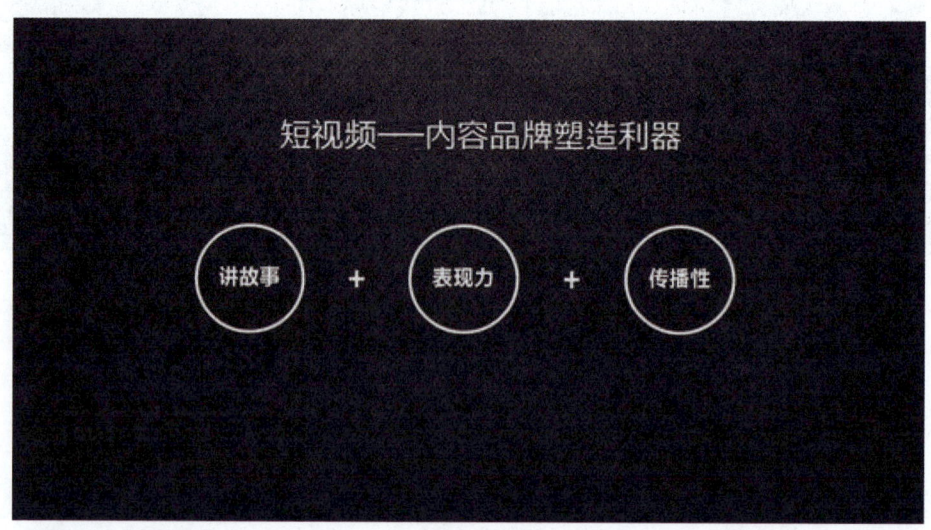

（3）根据账号定位属性编发内容作品。短视频运营者在日常管理平台账号时，应根据矩阵内容的分配和定位发布既定的内容作品，以确保短视频内容作品的整体运营。

（4）定期分析数据和总结矩阵效果。短视频运营者应定期进行短视频矩阵内容数据的整理、列表、分析和检测，进行复盘与总结，分析短视频矩阵的得失，并制定相应的调整改进方案，保证短视频矩阵的良性循环和发展。

7.2 提高点赞率和评论率

7.2.1 什么是点赞率

点赞率是短视频账号运营者在从事短视频运营时首先要考虑的因素之一，是通常所说的短视频"四大率"之首。它直观地反映了短视频账号内容作品受到粉丝大众的欢迎程度。

点赞率指短视频内容作品被点击小红心数除以播放量。点赞率是短视频账号内容作品优劣的重要考核指标，直接反映了粉丝大众对账号内容作品价值的认可。短视频账号内容作品是否打动人心，是否触达事物的本质，是否引起粉丝大众的关注与认同，首先就体现在点赞率上。点赞率是吸引粉丝大众观看的一个重要信息提示点，短视频点赞率的高低会直接影响到粉丝大众的情绪与判断。粉丝大众会根据点赞率的高低判断是否需要进一步观看短视频的内容，并加以内心的真实评判。点赞率是粉丝大众与短视频运营者观看内容作品时互动的第一选择，即以最简单的直接投票点赞的方式对内容作品进行打分，表达自己的观点。

7.2.2 如何提高点赞率

点赞率体现了短视频运营者发布的内容作品受到粉丝大众欢迎的程度，是短视频运营者必须追求的重要考量指标之一。如何提高短视频内容作品的点赞率，是所有短视频运营者首先要关注的重点。

好作品必将引起共鸣。短视频运营者在创作内容作品时，应选择好作品的中心主题，策划制作完美的内容情节及故事框架，剪辑制作精美的画面与音效，通过优质的内容作品引起粉丝大众的共鸣。图7-1所示为某短视频点赞率统计图。

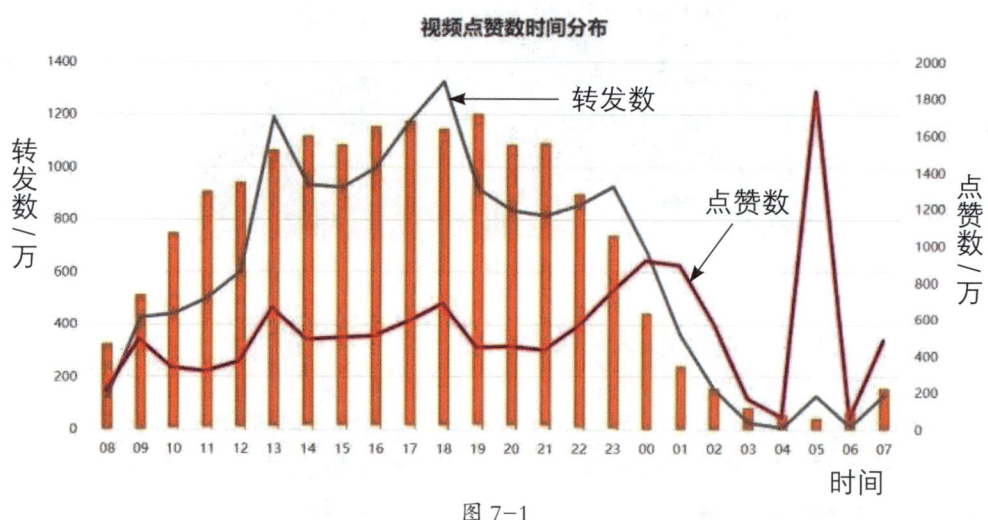

图 7-1

7.2.3 什么是评论率

评论率是短视频运营者在从事短视频内容作品创作时需要重点关注的考量指标之一,也是常说的"四大率"之一。评论率的高低直接反映了短视频内容作品的话题性和槽点,是粉丝大众和运营者互动最直接的对话。评论率的高低反映了对某短视频内容作品,粉丝大众观看和参与的活跃度,互动的广度和深度。

短视频的评论数除以播放量等于评论率。短视频内容作品评论率越高,参与的人数越多,说明作品话题性越强,槽点越多越容易引起多方的互动与讨论,从而引发多轮的关注与营销。评论率是内容作品质量考核的重要参数,一个优质的短视频内容作品,一定会带来大量的评论,粉丝大众纷纷在评论区留言站队,发表自己的观点和看法,可引发粉丝之间进行二次讨论。评论率是粉丝大众观看的一个重要信息提示点,短视频内容作品播放时,评论区的大量留言会直接影响其他人的观看,激发粉丝大众的好奇心,其中甚至有许多人就是冲着评论而观看短视频内容作品的。高手在民间,许多精彩的评论区留言一矢中的,令人拍案叫绝,从而一石激起千层浪,引来更多的粉丝大众参与话题讨论。评论区留言是粉丝大众与运营者互动的重要渠道,大众在评论区的留言真实地反映了其真实的想法、看法与呼声,短视频运营者如果能及时有效地与其互动交流,可产生事半功倍的效果,可引起其他人的监督与赞许,在公开透明的基础上起到示范的效果。

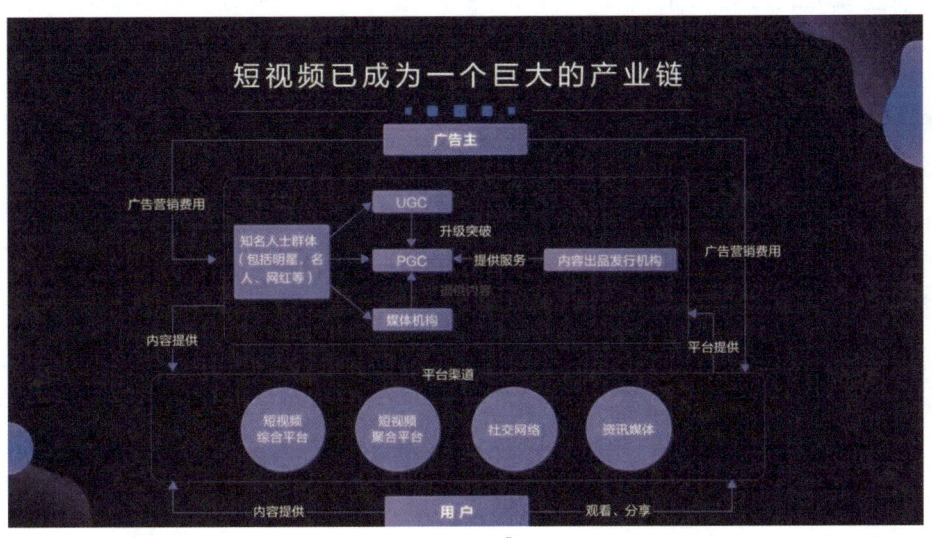

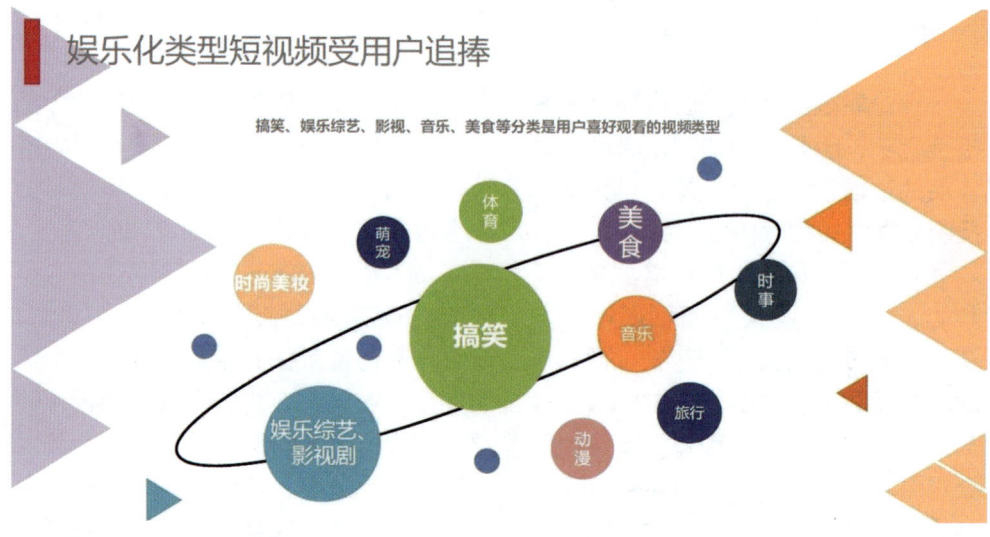

对刻意攻击短视频运营者及短视频内容作品的行为,短视频运营者应以包容的态度,客观公正地去看待,不必斤斤计较,玻璃心会影响短视频账号的运营,可以在法律框架范围内予以合理的反击与申明。

巧妙引导评论可引起围观、快速增粉。短视频运营者在发布内容作品时,因某些事件或话题自带槽点,引起粉丝大众的评论与关注,在评论区产生大量的留言与吐槽,此时如果短视频运营者能够与其进行隔空对话,耐心细致地回应与解答粉丝大众的留言与问题,可以引起更大范围的围观,从而发酵增粉。

图7-2所示为某软件统计的各短视频平台的用户使用情况。

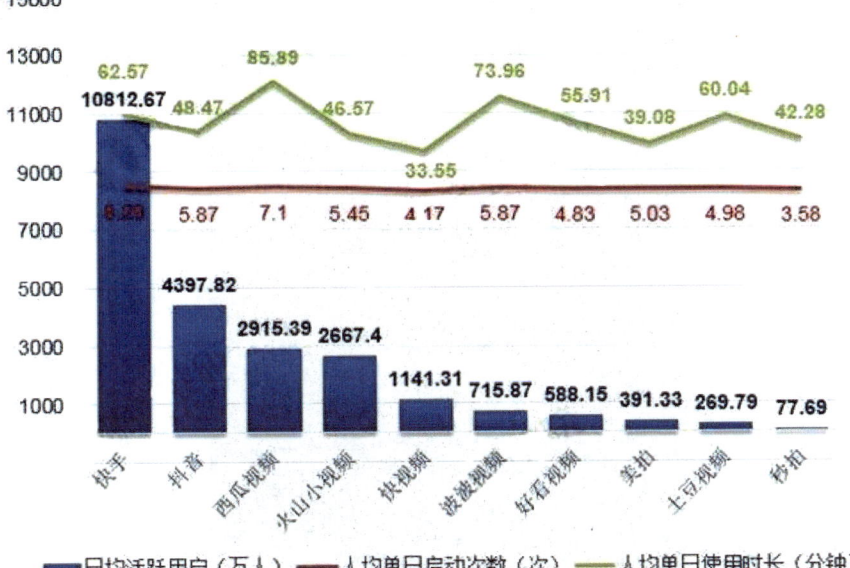

图 7-2

▶ 7.2.4 如何提高评论率

短视频运营者在发布短视频内容作品时,应该将评论区作为一个重要的对外窗口。评论区是短视频运营者与粉丝大众的对话会客厅,是粉丝大众观看其内容作品的私家后花园。合理高效地利用好评论区,提高短视频的评论率,可以为自身的短视频账号带来不可估量的影响。

一切短视频账号的竞争最终都是优质原创内容作品的竞争。短视频运营者通过制作优秀的短视频内容作品及持续稳定的输出,引起粉丝大众的共鸣与关注,在评论区会有大量的留言评论。短视频内容作品希望引起最大量的评论,首先应在作品主题策划上选择具有话题性的热点事件或槽点内容,通过拍摄剪辑制作精良的画面,配上热门背景音乐音效,选择粉丝流量的高峰期进行发布,可迅速地引发大量评论形成爆款。

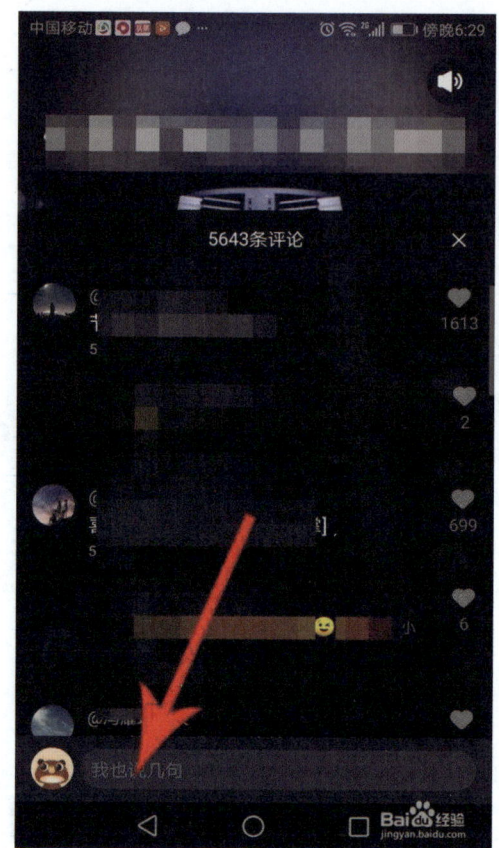

7.3 提高转发率与完播率

▶ 7.3.1 什么是转发率

转发率是短视频运营者在从事内容作品运营时首先要考虑的因素之一，是通常所说的短视频"四大率"之一。它更加深刻地反映短视频内容作品在粉丝大众内心深处的认可程度。

  短视频作品的收藏和转发数除以播放量等于转发率。转发率是短视频账号内容作品质量优劣的重要考核指标之一,反映了粉丝大众对内容作品价值的认可程度。短视频内容作品转发包括公域流量范围和私域流量范围,转发率高是短视频内容作品快速涨粉形成爆款的前兆。转发率是短视频内容作品质量考核的重要参考指标之一,短视频账号内容的输出是否打动人心,是否触达内容的本质,是否能引起粉丝大众的高度关注与认同,是否值得粉丝向其具有相同属性的社群大众进行二次推广与转介绍,进而引发更大范围的共鸣与讨论,主要就体现在转发率的高低上。转发率也是粉丝大众进一步观看短视频的一个重要信息提示点。短视频转发率的高低会直接影响粉丝大众的情绪与判断,粉丝大众会根据转发率的高低来判断是否需要进一步地观看短视频的内容作品,并加以推广和转介绍。转发是粉丝大众与运营者互动的最高境界,是短视频的天然营销推广方式。它以最直接明了的方式对内容作品进行了打分认同。

7.3.2 如何提高转发率

转发率体现了短视频运营者发布的内容作品所受到的欢迎程度，提高短视频内容作品的转发率是所有短视频运营者所必须努力达到的重点目标之一。

短视频内容作品所引起的话题受到粉丝大众关注的程度和转发量，是体现短视频内容作品质量的一个重要方面。短视频运营者在创作内容作品时，应在保证点赞率和评论率有着较高指数的基础上，通过内容作品的话题性和价值观，进一步引导粉丝大众对内容作品的认同与共鸣。

7.3.3 什么是完播率

完播率是短视频运营者在创作内容作品时需要重点关注的考量指标之一，也是常说的"四大率"之一。完播率的高低直接反映了短视频内容作品对粉丝大众的吸引程度和粉丝大众对内容作品节奏的连贯性及流畅程度的认可。完播是粉丝大众对短视频内容作品的最高褒奖。

短视频的完整播放量除以总播放量等于完播率。短视频的完播率越高，说明短视频作品质量越好，越容易引起粉丝大众完整的观看、互动与讨论，从而产生爆款，增加相应平台账号的权重，获得平台的推荐、支持。一个优质的短视频，一定会引起粉丝大众的完整观看。完播率在短视频平台账号的主页不直接显示，需要通过打开后台账号数据，才可以清楚地进行查看，是短视频运营者必须关注的重要数据。

7.3.4 如何提高完播率

短视频运营者应该将完播率作为衡量短视频内容作品质量的一个基本标准，它是短视频运营者与粉丝大众的一场完整的无声的交流，是粉丝大众对短视频账号的认可与关注程度的体现。提高短视频的完整播放量，可以为短视频运营带来不可估量的权重影响。

一切短视频的竞争最终都是优质原创内容作品的竞争。短视频运营者应通过创作优秀的短视频内容作品，引起粉丝大众的共鸣与关注，增加完整播放量。

　　短视频内容作品希望获得高的完整播放量，首先应在作品主题策划上选择具有话题性的热点事件或槽点内容，其次是通过精美的画面拍摄与剪辑，通过热门音乐的配合，迅速地引发大量完整的播放形成爆款。

7.4 让彩蛋福利吸粉涨粉

　　彩蛋是指在短视频内容作品中所隐藏的红包福利。短视频运营者为了更好地吸引粉丝大众产生互动，更好地对短视频内容作品作推广和营销，常常在短视频内容作品播放的时候安排一些福利、红包，统称为彩蛋。彩蛋可以是具体的产品，也可以是虚拟的福利，短视频运营者在制作发布短视频的时候往往会事先预告，在短视频播放中或播放的最后安排发放粉丝福利，引导粉丝大众对本短视频内容作品进行完整的观看，提高内容作品的完播率。

7.5 热点造势涨粉

　　短视频运营者在进行运营时，要善于通过灵活的角度和维度为短视频内容作品造势，从而吸引粉丝大众对本短视频内容作品的关注。

7.6 话题讨论吸粉

短视频运营者在进行运营时,要善于从常规事件内容中制造话题,引导话题展开讨论,以多种形式吸引粉丝大众对该内容作品的关注。

7.7 各大平台巧妙植入二维码

二维码是现代社会人们交流常见的一种联系方式,通过扫取二维码,可以让短视频运营者与粉丝大众有一个更广泛更深入的沟通和了解。短视频运营者在创作内容作品的时候,应结合各大平台的运营规则,规避一些禁忌,在作品中巧妙地植入自己的二维码,最大范围地与粉丝大众建立联系。

7.8 利用微信及 QQ 为短视频吸粉

短视频运营者在创作优秀原创内容作品后,应结合粉丝大众的特点和习惯,制作精美的短视频片花或简版,通过微信、QQ 等平台进行海报式推广,达到最大范围吸粉增粉的目的。

第 8 章

掘金行动
——九大营利模式变现

> 短视频运营者在持续不断地输出优质短视频内容作品的同时，还要通过开通企业号、商品橱窗、购物车、直播带货、贴片广告、直播间打赏、商业链路链接等模式形成短视频内容运营的商业闭环，才能更好地支持短视频内容创业的繁荣与发展。

8.1 开通直播

8.1.1 什么是直播

直播是直接播出,指短视频运营者通过直播间主播与粉丝大众直接的沟通与讲解,近距离地展示产品的价值,并进行咨询解答,实现营销与变现的一种新型的商业传播方式。

短视频直播大大地缩短了短视频运营者与粉丝大众之间在空间与时间上的距离,及时在线互动解答粉丝大众关于产品的任何问题,并通过直播间自带的产品链接功能完成产品的输出,形成一个完整的商业闭环,打造一种新型的短视频内容产品的生态链。短视频直播内容产品可以是有形的具体的商业产品,也可以是无形的虚拟的在线增值服务。常见的直播需具备以下三个条件。

(1)主播。主播指在直播间的内容播出者,他可以是短视频的运营者,也可以是短视频运营者专门指定或培养的专业人员,主要从事在线主持、讲解、互动与解答。

主播人员素质的高低、颜值的高低、互动的精彩程度,产品的实际价值直接决定了直播间的人气。优秀的主播(例如淘宝的薇娅、李佳琦,快手的辛巴家族,抖音的罗永浩等)能给直播活动带来超高的人气,主播对产品细致而深入的讲解,在线互动的及时、对粉丝大众所提出的问题的及时解答,可以让一场直播活动迅速地带货百万元、千万元,甚至过亿元。低劣的主播主持的一场直播活动往往收获惨淡。优秀的主播会使直播间有上百万的粉丝在线观看,一场直播活动所刷的直播间的礼物音浪（如直升机、嘉年华、名车跑车等）可高达几百万音浪。低劣的主播会使直播间死气沉沉，甚至会出现直播间长时间空无一人的情况，即所谓的直播翻车。所以，原创优质内容作品是短视频直播活动的灵魂。主播是短视频直播活动的主持人和重要推手。图8-1所示为两大网红主播薇娅、李佳琦。

图 8-1

（2）直播工具。短视频直播活动离不开各种各样的短视频网络设备和辅助工具。常见的直播工具如下所述。

1）智能手机（各大品牌的智能高像素的手机）。一部优质的高清智能手机有助于进行一场完美的直播活动。直播活动中使用的智能手机的两个最重要的参数是像素和内存。高的像素有利于提高直播活动的画面清晰度；内存的大小决定了短视频直播过程中音视频数据传输时是否会出现卡顿的现象，这些都是短视频直播活动中首先要考虑的因素。

2）直播支架。一个优质的短视频直播支架应该厚重、稳实，可以支持配

置一部或多部手机，进行多角度直播。短视频直播支架通常分为台式和落地式两种。台式是放置在短视频直播平台桌面上的，是体形较小、长度较短的直播支架，长度通常小于50cm；落地式短视频直播支架，通常用于直播间较大或户外直播活动，长度通常为100~180cm。短视频直播支架通常都有高低调节功能，在直播前，短视频运营者可根据现场的需要调整好支架的高低。图8-2所示为几款直播支架的样式。

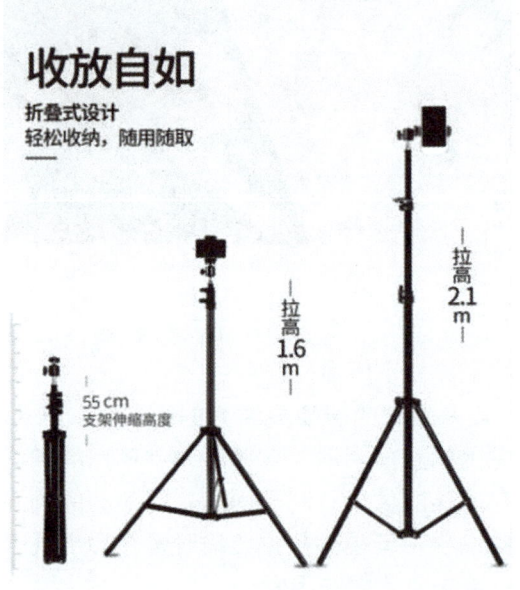

图 8-2

3）补光灯。短视频直播的补光灯分多种，常见的有两种：一种是环形补光灯，一般个人主播使用较多；一种是方形补光灯，一般团队或MCN单位使用较多。通常短视频方形补光灯的使用效果会好于短视频环形补光灯。还有一些更高级的短视频直播间会配有各种大型补光设备。短视频补光灯质量的好坏、光的强弱程度，直接决定了短视频直播活动给人的客观印象。优质的短视频直播间光线柔和明亮，能使主播和产品神彩奕奕，使粉丝大众观看短视频直播时，产品会令人赏心悦目。较差的短视频直播间光线会使主播和产品显得灰暗，使直播现场死气沉沉，使粉丝大众观看短视频直播时情绪低落，产生不了继续观看的欲望而瞬间离开。短视频环形补光灯一般放置在主播和产品的正对面，短视频方形补光灯一般放置在主播和产品的两侧和正面。不同的补光灯所产生的效果不一样，因此短视频运营者在从事短视频直播时，应选择合适的补光灯。智能手机、支架、补光灯是短视频直播活动最基本的"三大件"。图8-3所示为一直播间画面。

图8-3

4）直播话筒。短视频直播活动离不开直播话筒。直播话筒通常分为两种：一种是有线话筒；一种是无线话筒。或者分别称为固定的直播话筒和便携式移动的直播话筒，即通常所说的领麦。短视频直播话筒的质量直接决定了一场短视频直播活动音质的优劣。通常有线话筒比无线话筒的音质传输质量高一些。领麦因为距离短视频主播声源较近，所以收音效果会优于距离较远的固定的直播话筒。领麦一般多用于短视频户外直播或移动直播。图8-4所示为固定的直播话筒。

图8-4

5）耳麦。耳麦用于短视频直播中监听直播间主播播出时的音质和内容，同时也可避免短视频直播以外因素的干扰，如图8-5所示。

图8-5

6）声卡。为了提高直播间音质的传播效果，在话筒之外，短视频运营者还会为主播配备声卡。声卡可连接到伴奏手机、直播手机、话筒等。声卡既可以增加短视频主播在直播时的各种音质，如KTV音质、会议间音质、变声等，又可以调节短视频直播间的各种气氛，如笑声、魔鬼音、乌鸦声等。短视频声卡的质量差别很大，进行短视频直播时，应尽量选择高品质的声卡。图8-6为某品牌声卡。

图8-6

7)提词器。提词器是短视频运营者为防止主播在进行短视频直播时忘记直播内容、流程及主持词,保持主播直播间的形象及流程的稳定性,而准备的一款台词放大提示设备。短视频提词器通常放置于直播间主播的正对面,以小投影的方式使短视频主播在没有太大变化的基础上,随时看见自己的台词脚本,如图 8-7 所示。

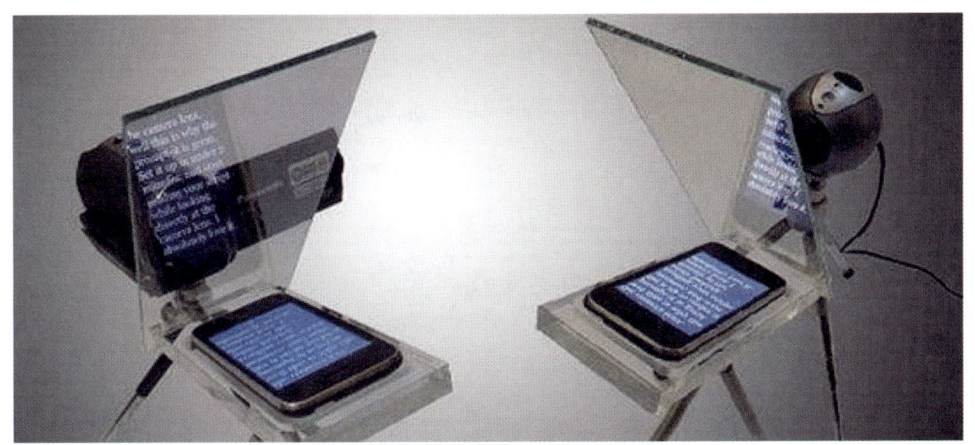

图 8-7

8)电脑。短视频主播在进行直播时,通常会配备相应的电脑设备,用于对各种音视频资料、PPT 的提取与展示。

(3)直播间。直播间是短视频运营者为直播活动准备的直播场所,是相对独立的封闭空间。直播间的装修风格取决于短视频内容产品的风格。直播间装修的品味与层次,直接体现了短视频运营者对产品价值的理解,也会影响粉丝大众对内容产品的第一印象。优质的直播间的装修应简洁明了,让人感觉如同坐在朋友的会客厅中,如沐春风。劣质的直播间的装修会显得杂乱无章,或艳俗无比,会令人望而生厌,有瞬间想逃离的感觉。一般正规的大型短视频直播间会配备相应的助理等工作人员,协助主播完成整场直播活动,及时应对和处理在直播活动中发生的各种各样的应急问题。

综上所述,在短视频直播间,主播利用直播工具对内容作品进行分享、讲解与销售。一场优质的直播活动,犹如一场完整的舞台演出,它需要主播、工作人员、各种直播设备在整个活动流程的各个环节全力地配合与相互支持,才能达到所预期的效果。一场完美的直播活动,要有过硬的直播设备的支持,要有高颜值、高品位的短视频主播,要有令人赏心悦目的直播间或户外直播场地,也要有完美精巧、鲜活、有梗、有料的直播互动流程,更要有硬核的短视频内容。

8.1.2 短视频直播的好处

随着科学技术的进步,各大短视频平台风起云涌,进入直播行业的门槛降低,为短视频直播的平民化提供了基本条件。新生代00后交流方式和生活习惯的改变,进一步推动了短视频直播的快速发展。短视频直播正在成为一种新的沟通与交流的方式,为粉丝大众所接受,其具体的优点如下所述。

(1)面对面沟通更简洁。短视频直播可以让短视频运营者借助于短视频网络平台和直播活动,和粉丝大众进行面对面的沟通与交流,在直播间及时地解答与内容产品有关的所有问题,使沟通更加简洁明了,问题的反馈与解决更迅速。

(2)打破了时间和空间的限制。过去的沟通和交流更多地受到时间和空间的限制,短视频直播打破时间和空间的限制,可以让主播与粉丝大众进行二十四小时无间断地在线沟通与交流,更好地利用碎片化的时间与空间,提高生活、工作与学习的效率。

(3)更加人性化和场景化。短视频直播让主播与粉丝大众之间的交流更加的人性化和场景化。过去两者之间的交流是书本化、平面而有距离的,直播活动中直播间的场景和产品现场化的展示,更加人性化,满足粉丝大众对内容产品进行更深入了解的需求,使内容作品更具可信度并使粉丝更具黏性。

（4）产品溯源。现场直播可以让主播直接带领粉丝大众深入到车间、田地、乡野等产品原料原产地，对产品进行零距离的接触和深入的了解，对内容产品进行溯源与挖掘，从而完善产业数据链。

（5）更优质的服务。短视频现场直播可以让主播与粉丝大众进行面对面的交流，通过现场细致的展示与讲解，使粉丝大众享受更优质的服务。

（6）平台账号相互打通。不同的短视频平台账号之间可以相互连线打通，通过短视频互动PK等方式，进行内容产品的进一步联合输出，产生1+1大于2的裂变效应。

（7）更加娱乐化、趣味化。现代人的生活、工作更加追求品质和高效，短视频直播可以让主播与粉丝大众进行多重互动，在保证内容产品品质的基础上，使短视频更加有颜、有料、有梗、有趣，更加娱乐化、趣味化。

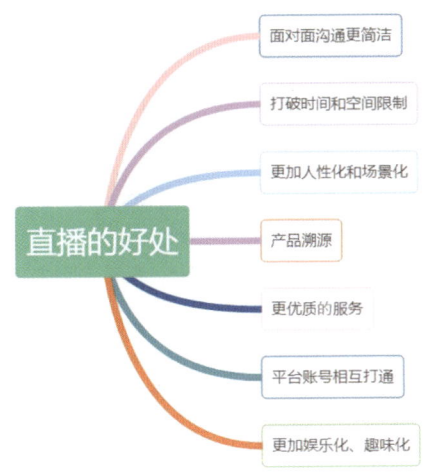

8.1.3 如何开通短视频直播

短视频运营者如果想开通短视频直播，必须先从人力、物力、财力等方面做好充足准备，制订详细的直播方案和进行周密的布署，并严格对照标准，有步骤地执行，才能保证短视频直播完美进行，避免直播翻车。开通直播是对短视频运营者的一次大考，对短视频的运营具有重大意义。它关系到粉丝大众对该账号的认可与支持程度。如果开通直播后，出现直播翻车的情况，则该短视频账号很可能就此废掉，或花多大的精力都难以弥补这种损失。如果短视频运营者成功地开通了短视频直播，则可以使该短视频获得数倍粉丝大众的关注。因此，开通短视频直播对运营者及短视频内容产品来说是一个重大的节点和关口，是对内容产品的品质、品效等的一次综合检阅。开通直播的步骤如下所述。

（1）账号注册。短视频运营者要开设账号，需要使用个人或单位的相关合法证件（如，个人身份证或企业营业执照），根据短视频平台的注册规定和步骤，进行账号实名注册登记。

（2）装修直播间。短视频运营者选择并确定好直播的专属场地，根据内容产品的特点及直播的调性与风格，对直播间进行合理的装修。常见的直播间装修分为简装与精装。简装是指以画面墙布或现成的实物场地为背景，进行简单的灯光、音响、产品布置即可。精装的直播间需要进行精心的策划和打造，配备专业的音响、舞台灯光设备、短视频工作人员，并事先进行直播活动的调试与检测，确保短视频直播过程中不会出现一丝一毫的差错。

（3）添置直播设备。短视频运营者在开通直播之前，需要对直播间所需要的直播设备进行合理的配置与采购，进行现场安装与调试，确保直播活动时音视频数据文件的完整传播。

（4）确定主播（含管理员及助理）。短视频运营者在开通短视频直播前，应首先明确主播及助理人员。通常主播是一些高颜值且有才艺的网红、大V、明星，也可以是账号指定的专业主播，或相关高层领导，他们走进直播间，为直播宣传造势，站台助阵。对短视频主播的一般要求是高颜值、有才艺、有把控全场的能力、有较为丰富的舞台表演经验、有较强的组织和应变能力、会处理直播间突发的各种意外情况。

（5）带货选品。短视频运营者在开通短视频直播前，应做好内容产品的选品，产品的质量是短视频直播活动的生命线。内容产品质量的优劣直接关系到粉丝大众对该平台账号的认可与否。短视频直播带货通常包含两种类型：一种是自身销售的内容产品，具有性能稳定、品质有保障、粉丝接受度高的特点；一种是帮其他经营者带货的产品，短视频运营者在这种类型的短视频直播活动开始前，一定要做好产品的质量把关，因为这关系到本短视频平台账号和主播的声誉。

（6）公布直播时间。短视频运营者在开通直播之前应做好宣传造势的工作，为直播活动引流。常见的方法是，在明确了开播时间和时长后，制作短视频直播的预告片，在账号内提前发布，告知粉丝大众，同时在进行短视频直播前，提前两小时左右更新短视频平台账号主页的内容，激发粉丝大众的兴趣，引起更大范围内的关注。

（7）直播带货。短视频运营者开通短视频直播，犹如进入商业战场的第一线，其一言一行，任何一个细节举动，都在粉丝大众的关注之下，容不得半点弄虚作假。主播在直播活动中必须全程集中精力、聚精会神、耐心细致地向粉丝大众展示内容产品的价值。直播带货通常分为"有坑位费"和"无坑位费"两种方式，是一种全新的商业短视频价值输出变现行为。短视频直播带货的账号，通常要收基本坑位费加短视频直播带货量20%~30%的提成费。图8-8所示为某网红主播直播带货。

图 8-8

（8）互动提问展示。短视频运营者在进行短视频直播时，通过让粉丝大众提问，将问题打在直播间的公屏上，由主播进行现场解答，同时其他粉丝也可以在直播间公屏上参与讨论，从而让一个个案问题转变为具有代表性的公众性话题，引起直播间更大范围的互动，增加直播间的黏性，活跃直播间内的气氛。

（9）开单、打包、发货。一场完整的短视频直播活动，并不因直播间的关闭而结束，而是以产品传递到粉丝手中并获得粉丝好评而结束。短视频直播带货直播间的现场活动，只是浮现在冰面上的冰山一角，粉丝通过链接在线下单后，工作人员会进行整理、统计、归纳、回应、打印发货单，产品的原生产工厂仓库会进行发货，通过物流的方式传递到粉丝手中，粉丝收到产品后，根据短视频直播活动的产品标准，会予以及时的反馈。

（10）复盘总结和提高改进。每一场直播活动结束后，短视频运营者都应该进行及时的复盘和总结。短视频平台账号的直播通常都处于动态变化中，会因内容产品价值的不同而改变。短视频直播因为传播方式的不同而千差万别，各有特色。

图 8-9 所示为开通短视频直播的流程图。

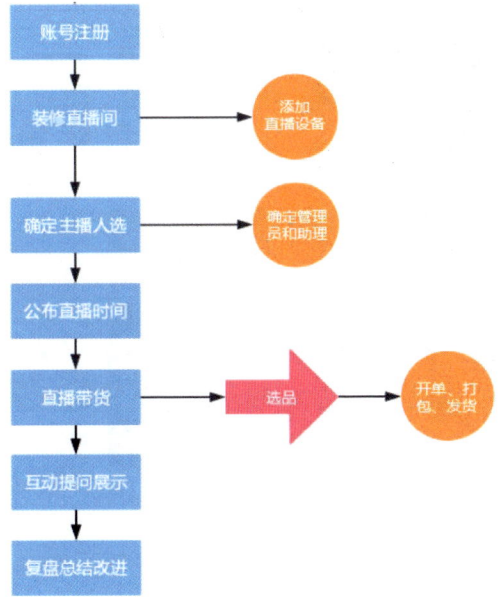

图 8-9

8.2 开通商品橱窗

8.2.1 什么是商品橱窗

商品橱窗指短视频运营者在发布内容作品的同时,对直播带货产品进行展示与变现的窗口。它可以是短视频内容产品的链接,也可以是短视频运营者的联系方式。它是内容作品变现的渠道之一,包含了带货产品的详情页、购买渠道和厂家联系方式。

(1)商品展示的窗口。开通短视频平台账号的商品橱窗需要一定的条件和基础,不同的短视频平台的规则各不相同(例如,抖音上面开通的条件为:① 1000 以上的粉丝量;②发布 10 个以上短视频作品;③不需要保证金)。图 8-10 所示为某主播的商品窗口。

图 8-10

（2）赚取佣金。在开通商品橱窗时，如果短视频运营者没有自己的直属产品展示，可以通过给第三方链接带货的方式去赚取佣金，由第三方负责供货发货。佣金通常为发货量的 20%。

（3）个人原创展示。个人的短视频平台账号在开通商品橱窗后，可以将一些个人的原创内容作品，以个性化的方式进行展示，并通过适当的渠道导入私域流量，与粉丝大众进行更深层次的交流。

8.2.2 开通商品橱窗的好处

短视频运营者开通商品橱窗功能，是直播运营活动过程中的一个重要的环节。通过在线链接与购买，可以在线比值、比价、去中间化，进行短视频内容产品的直供直达，起到方便快捷、产品溯源、极致展示的作用。

8.2.3 如何开通短视频商品橱窗

不同的短视频平台有着不同的商品橱窗展示方式，开通商品橱窗的要求和渠道也各不相同。

根据短视频平台相关的规定和要求申请开通商品橱窗，以法人身份证、营业执照、银行账户去进行实名认证，按照平台所规定的流程进行操作。平台收到申请资料后将进行在线审核，通过后即可开通短视频商品橱窗。

8.3 开通购物车功能

8.3.1 什么是购物车

短视频平台会给有一定粉丝量的短视频平台账号开通小黄车购物车的功能。小黄车购物车相当于短视频直播间的简版带货平台,它更简单直接且缩短了粉丝大众购买内容产品的链接路径,使运营者与粉丝大众之间的互动性更强,黏性更高。

8.3.2 如何开通购物车

短视频运营者要申请开通短视频购物车功能,应通过短视频账号主体的身份证明文件、银行账号等申请实名认证,审核通过后即可进行第三方选品带货。通过产品链接和直播间的推荐,获取产品成交后的佣金。

8.4 知识付费

8.4.1 关于知识付费

短视频产业的竞争最终是优质原创内容作品的竞争。短视频知识付费是平台账号运营的必然趋势。知识产权也是商品,短视频运营者可通过分享知识内容作品获得相应的报酬。

8.4.2 如何知识付费

知识付费是短视频平台账号长久生存与发展的核心竞争力。知识付费是一个总的概念,常见的有如下几种形式。

(1)图文分享。短视频运营者通过自身账号分享图文内容,通过对短视频图片和文字的分析与讲解,让粉丝大众对短视频内容作品有一个较为直观的认识,从而支付相应的学习费用。

(2)短视频植入。短视频运营者在运营自己的内容作品时,通过定期、系统地发布相关内容作品,吸引粉丝大众的关注与观看,使其进行订阅或申请为年度会员、购买观看学习资格。

（3）开通直播。开通短视频直播间的直播权限，通过主播细致生动的讲解和现场互动，解答粉丝大众所提出的各种各样的问题，推动原创内容作品的普及，获得相应的知识产权报酬和短视频平台的流量支持。

（4）书籍出版。短视频运营者在从事账号运营时，可以将内容作品整理成书籍，交付给出版社，出版专业的系列丛书，通过各大平台进行书籍的推广与销售，获得相应的劳动报酬。

（5）音视频课程。短视频运营者在从事账号运营时，可以将原创内容作品制作成相应的音视频课程，粉丝大众通过在线观看与收听，或购买相关的短视频电子课程，运营者获得相应的劳动报酬。图8-11即为此类短视频的界面。

图8-11

（6）论坛讲座。短视频运营者可以通过开通直播间进行在线课程讲解，进行短视频相关内容的线上知识讲座，进行短视频内容的教学，使粉丝大众掌握实际应用方法，获得相应的报酬。如图8-12所示的讲座界面。

图8-12

（7）文创产品。文创产品指短视频运营者通过将原创内容作品进行更深层次的挖掘与开发，形成短视频衍生的文创产品，然后在平台进行销售，最大程度地开发原创内容作品价值，如图8-13所示的在图书馆开展的图书会等一系列活动。

图 8-13

8.5 音浪赚取

8.5.1 什么是音浪

音浪是抖音平台使用的一种虚拟货币，抖音所有模板的总收入都是以音浪的方式呈现的。在直播间点开头像，可以看到相关短视频平台账号总的音浪收入。在抖音提现的界面会看见音浪。当抖音音浪积累到一定数量时，可以提现，即提取到自己所绑定的银行卡或收付款账号，通常提取的金额不能低于5元。

（1）平台结算货币。抖音音浪和抖币不同，抖币是粉丝在打赏时的计量单位，它不能直接提现，但购买抖币却需要以现金的方式进行充值。只有用抖币购买相应的直播间的礼物才能打赏主播。

（2）结算标准。在抖音平台，抖币兑换成人民币的比例是10:1。

8.5.2 如何赚取音浪

短视频运营者除了通过原创内容作品获取收益，还可以通过赚取音浪获得收益。抖音平台里有一个直播小时榜，可以查看主播的抖音直播音浪的获得数量以及排名的情况。赚取音浪的方式简述如下。

（1）直播打赏。短视频运营者通过开通在线直播，与粉丝大众进行在线互动交流。粉丝通过购买直播间的各种各样的虚拟礼物，将其送给主播来表达自己的支持与欣赏。直播间礼物档次越高，主播获得的音浪就越多，表示短视频直播间人气就越高，相应的主播的收入也就越高。许多才艺类、颜值类的短视频主播，常常使用此种方法。从2019年中开始，抖音已实现了收益日结。通常MCN签约主播最低能获得礼物收益的50%。图8-14所示为某直播间的打赏礼物界面。

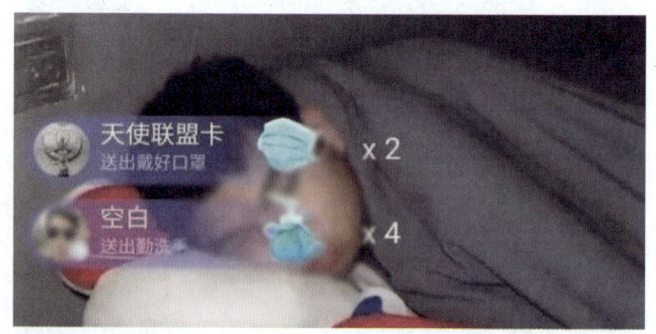

图 8-14

（2）直播时长。短视频主播除了可获得粉丝的打赏之外，还可以通过积累短视频直播时长去获得相应的短视频平台流量的支持和奖励。不少短视频主播采用挂机或播放视频文件的方式延长时长，没有真正的优质原创内容作品，这种办法不可取。

（3）粉丝互动。通过短视频主播与粉丝大众积极进行在线互动，吸引更多粉丝参与到热烈的讨论中来，但我们应该拒绝恶搞、出位、博眼球的短视频。图 8-15 所示为直播间粉丝的互动情况。

图 8-15

8.6 企业号展示

8.6.1 什么是企业号

企业号是指以企业为短视频平台账号的拥有者，为账号主体。通过企业的营业执照、企业法人身份证明、开户银行账号进行短视频平台账号实名认证而注册的企业官方号，称为企业号。企业号发布的内容代表了企业的态度和意见，是官宣，相对于其他的短视频平台账号，具有可信度更高、账号主体更明确、内容产品更真实的特点。图8-16所示为抖音的企业号。

图 8-16

8.6.2 如何开通企业号

根据各大短视频平台的相关要求，短视频平台账号的运营者向相关的短视频平台提出申请，通过企业的营业执照、法人代表身份证明、企业相关银行账户等进行实名认证，在通过相关短视频平台流程与审核后即可开通相对应的短视频平台账号功能。企业号可以以企业的LOGO为账号主体的头像和昵称，这样官方意味更为强烈。企业号可以作为企业的宣传和展示平台，同时具有短视频在线直播带货的功能，这也是短视频企业号与个人号的一个较为明显的区别。

8.7 短视频贴片广告

8.7.1 什么是贴片广告

短视频运营者在积累了一定量的短视频粉丝并形成了一定的影响力后,可作为短视频同类内容作品的 KOL(意见领袖)、粉丝大 V,开启贴片广告、带货收益的功能。原创内容作品贴片广告可以是自己的产品,也可以是第三方垂直相关领域的商家产品。常见的短视频贴片方式如下所述。

(1)片头片花。短视频运营者在拍摄制作短视频原创内容作品时,将需要贴片的商家 LOGO 及广告文字制作在短视频片头或片花中,在每次播放时使粉丝大众看到该贴片广告。图 8-17 所示为片头贴片广告的样例。

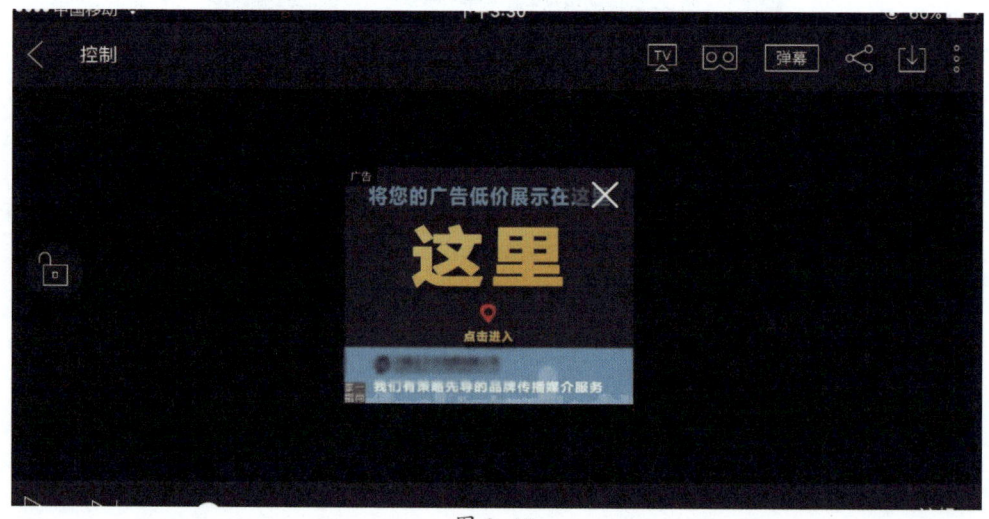

图 8-17

(2)片中植入。短视频将需要植入的广告内容以段子或道具、音乐等方式方法,进行巧妙地植入,切忌硬广告,通过对粉丝大众产生听觉和视觉的影响,达到预期效果。图 8-18 所示为片中的贴片广告样例。

图 8-18

（3）片尾广告。短视频运营者将内容产品的 LOGO 及文字制作成相应的视频、图片文件，将其链接在原创内容作品的尾部，使粉丝大众在观看原创内容作品时，同时看到该短视频的广告和链接，从而一键进入，如图 8-19 所示。对于该操作，短视频运营者需要取得相关平台的授权，开通相关的功能，方可进行。

图 8-19

8.7.2 如何贴片

短视频平台账号的运营，最终都是为了输出优质原创内容作品。短视频平台账号如何通过贴片的方式取得收益，常见的方法如下所述。

（1）星图平台。各大短视频平台都有各自辅助的账号变现平台，短视频运营者可以通过该平台渠道，公开展示自身的价值，通过在线报价去寻找相对应的短视频垂直领域的广告商家。短视频广告商家也可以通过该辅助平台寻找价格相当的运营者，通过交流与商讨，实现短视频变现。星图平台是其中较为突出的短视频交易平台之一。图 8-20 所示即为星图平台。

图 8-20

（2）主页联系方式。短视频运营者可以在短视频主页签名简介里巧妙地植入自己的联系方式，不同的短视频平台账号联系方式不可跨平台植入，否则易被降权封号。

（3）内容垂直。短视频运营者在进行贴片广告变现时，应尽量选择内容垂直度较高的产品来进行贴片带货，否则会因为调性不一、内容不垂直等而伤害粉丝大众和贴片商家的权益，降低自身平台账号的价值及可信度。

（4）软文推广。短视频运营者在进行贴片广告时，可以巧妙地将内容编制成段子或梗，以短视频话题的方式进行巧妙的软文推广，化广告于无形，植入于不经意间。

8.8 巧妙植入商品信息

短视频运营者可以巧妙地植入所需要展示的商品信息。商品信息可以是自身的也可以是第三方商家的。短视频运营者通过直播间场景的植入，主播在直播时台词的植入，直播活动时道具的植入，与现场粉丝大众互动时的效果植入，完成总体的商品信息的植入，为进一步变现奠定基础。

8.9 电商店铺共享链接

短视频运营者可进行多种方式的内容产品链接,常见的方式如下所述。

(1)企业号链接。短视频运营者可直接链接短视频企业号的网址或相关短视频的企业号账号,示意图如图8-21所示。

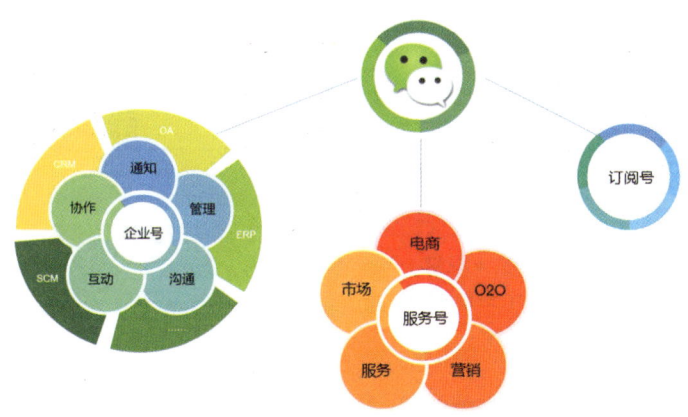

图 8-21

(2)商品橱窗链接。短视频运营者直接开通短视频商品橱窗链接功能,链接自身垂直的产品或第三方产品,实现短视频销售带货变现,如图8-22所示。

图 8-22

（3）小黄车链接。短视频运营者在开通直播间功能时，可同时开通链接购物小黄车功能，通过小黄车链接自身或第三方产品，实现短视频直播带货变现，如图 8-23 所示。

图 8-23

（4）主页链接。短视频运营者可通过短视频账号主页的展示，链接相对应的短视频官方号或联系方式，将短视频公域流量逐渐引导到私域流量，实现流量变现，如图 8-24 所示。

图 8-24

（5）私信链接。短视频运营者通过短视频私信渠道进行相关联系方式的链接，实现短视频个人号从公域流量到私域流量的导入，实现流量变现。

（6）评论区链接。短视频运营者通过在评论区与粉丝大众的互动，展示自身或第三方的联系方式，将公域流量导入到私域流量的账号内，通过二次营销实现流量变现。图8-25所示为某平台的评论区链接。

图8-25

（7）矩阵链接。短视频运营者通过各子短视频平台进行自身或第三方产品的链接，或通过相关短视频平台及联系方式、账号的链接，达到规模流量变现，这需要一定的统筹与协调管理能力，同时应遵循不同短视频平台的相关原则和规定，否则易被降权、封号。图8-26所示为抖音的矩阵链接。

图8-26

第9章

防封防盗
——短视频平台运营规则

短视频运营者在从事账号运营时,应尽量避免因不了解短视频平台运营规则而违规操作,导致被短视频平台降权、封号,白白浪费自己的辛勤付出与努力。

9.1 避免被降权、封号

对于刚刚开始做短视频账号的朋友来说，被降权限流是经常遇到的事情。遇到这种情况，对于短视频的初期运营者来说，最重要的就是熟悉各大短视频平台的相关运营规则，避免误踩雷区和遭遇风险。最常见的短视频平台——抖音的限流方式主要有以下三种。

1）短视频账号内容仅关注粉丝可见。
2）短视频账号内容仅自己可见。
3）无法发布新短视频内容作品。

这些处罚都将对短视频运营者造成致命的打击。所以了解各大短视频平台的相关规则，在此基础上做出相适应的优质短视频原创内容作品，是运营短视频相关平台账号的必要条件。

9.1.1 如何判断自己短视频平台账号被限流

有许多人的抖音或者快手账号，一段时间后突然就没人关注和点赞了，而且播放量也极低，这种情况就是短视频平台的相关账号被限流了。那么如何来判断自己的短视频平台账号被限流了呢？通常有以下三种方法。

1）短视频播放量为0，或长时间为个位数。
2）在另外一个同平台短视频账号上点击下载你的短视频，如果显示"平台审核中"，那么很有可能该短视频正在被相关短视频平台限流。
3）短视频播放量远低于平均的播放量，这主要是针对短视频平均播放量很高的账号而言。比如你平时的短视频播放量通常在1万次以上，但现在新发布的短视频内容作品只有100次甚至更低的播放量，则该短视频平台账号可能已被限流。

9.1.2 为什么会被限流

只有了解了各大短视频平台对账号内容进行限流的规则，才能避免自己的短视频平台账号被限流。下面我们来分析可能受到各大短视频平台限流、降权的几种常见情况。

（1）发布太多硬广告。短视频平台账号在发布新内容作品时，若植入太多硬广告则会大概率导致相关短视频平台采取限流、屏蔽热门等措施。如果短视频平台账号内容作品没有了上热门的机会，没有短视频平台粉丝流量的支持，那么该短视频平台账号基本上就很少有人关注与点赞，则该账号即为低权重、低收益账号，便没有了太大的存在价值。如果短视频运营者一定要在短视频中植入广告，可以巧妙借助隐形植入广告模式，将广告植入在短视频的情节及桥段中，这种含蓄的广告模式，粉丝大众不仅不会有抵触反感的情绪，还会将短视频中所植入的内容产品无意中进行二次宣传与推广。图9-1为植入式广告的短视频样例。

图 9-1

（2）短视频内容低劣、粗制滥造。如果短视频运营者长期发布一些人云亦云、高度同质化的短视频内容作品，敷衍粉丝大众，持续低效地输出无营养、无价值的短视频（例如那种画面品质很差、晃动严重，使粉丝大众观看体验感极差的短视频内容作品），则会让相关的短视频平台账号处于被降权、封号的处境。所以千万不要输出内容低劣、粗制滥造的短视频内容作品，而是要不断输出内容优质、精益求精的短视频原创内容作品，这样方能获得相关短视频平台和粉丝大众的支持。

（3）模仿、搬运二手短视频。许多短视频的浅层运营者通常会通过添加片头或片尾、添加字幕、修改视频长度、修改视频尺寸等方式来欺骗相关短视频平台的审核，这些行为一经发现就会被短视频平台自动降权或封号。短视频运营者应牢记，切勿违规操作。

（4）违反短视频平台相关规则。无规矩不成方圆，"规矩"就是短视频平台的底线。如果触碰到相关短视频平台红线，那么短视频平台注册账号就有被封号的可能。

斗鱼

众所周知，斗鱼在封杀某些短视频主播方面可以说是损失惨重，一年内损失好几位花费几年时间培养出来的短视频头部主播。但斗鱼高层一旦决定了要封杀，也就是瞬间之间。图 9–2 所示为被查封的主播的直播间。

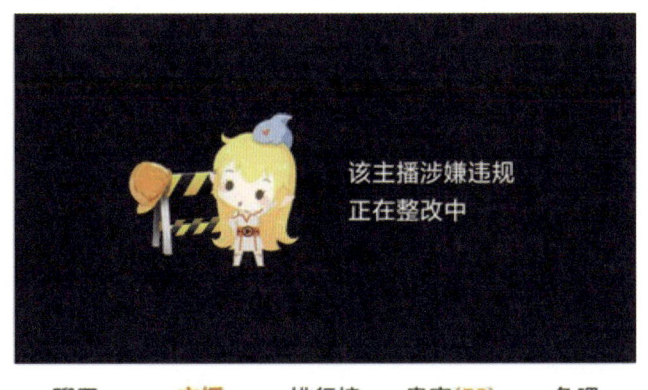

图 9–2

哔哩哔哩

作为最大的短视频弹幕网站，哔哩哔哩深受 95 后、00 后青少年的喜爱。正是因为人气旺的原因，其中鱼龙混杂，有许多 UP 主不注意短视频平台的相关规则和规定而被降权、封号。例如“绯音凉太”这位 UP 主在直播的时候播放了违禁的色情内容，导致直播间被永久封号。还有些短视频运营者看中短视频平台的巨大流量，利用其做出违背社会公德之行为，也被平台永久封号，图 9–3 所示即为一例。

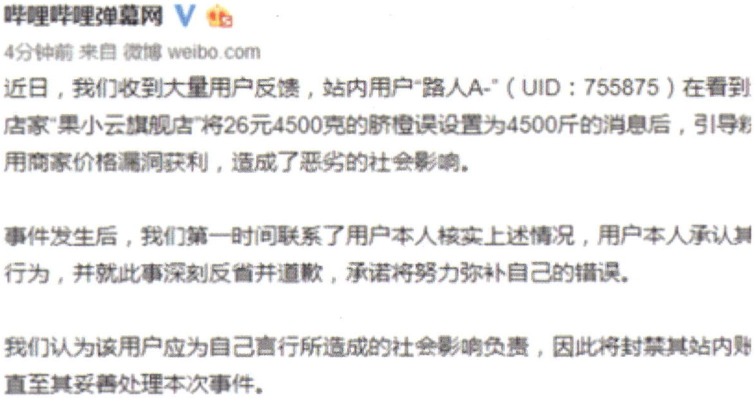
哔哩哔哩弹幕网

4分钟前 来自 微博 weibo.com

近日，我们收到大量用户反馈，站内用户“路人A-”（UID：755875）在看到店家“果小云旗舰店”将26元4500克的脐橙误设置为4500斤的消息后，引导用商家价格漏洞获利，造成了恶劣的社会影响。

事件发生后，我们第一时间联系了用户本人核实上述情况，用户本人承认其行为，并就此事深刻反省并道歉，承诺将努力弥补自己的错误。

我们认为该用户应为自己言行所造成的社会影响负责，因此将封禁其站内账直至其妥善处理本次事件。

图 9–3

快手

近日，辛巴和散打哥相继宣布退出快手短视频平台，快手大主播张二嫂、方丈直播间也被快手短视频平台短暂封禁。据了解，这些短视频平台主播均因在直播时涉嫌语言粗俗、带节奏等，被快手短视频平台收回了直播权限。值得注意的是，这是快手短视频平台有史以来较为严厉的惩处。

辛巴

辛巴曾短视频直播带货 6 小时，总营业额超过 4 亿多元，销售 430 万单，创造了短视频直播带货的奇迹。

9.2 避免账号被盗号和成为僵尸号

9.2.1 盗号

平时我们都很担心自己的短视频平台账号被盗。苦心经营的短视频平台账号如果被盗，不但会令人郁闷生气，同时也会产生一定的经济损失，所以我们要提高自己的短视频平台的安全性。可以将短视频平台账号密码的难度调高至最保险的密码格式，就是数字、字母、标点、符号的混合，还可以通过绑定自己的手机号来锁定短视频平台账号。如果有异常的登录情况，我们可以通过账号设置强制将非法入侵者踢出。下面以抖音短视频为例讲解如何进行上述安全设置。打开抖音页面，点击右下角"我的"→"设置"→"帐号与安全"→"登录设备管理"，进入相应的界面便可将盗号的登录设备踢出，如图 9-4 所示。

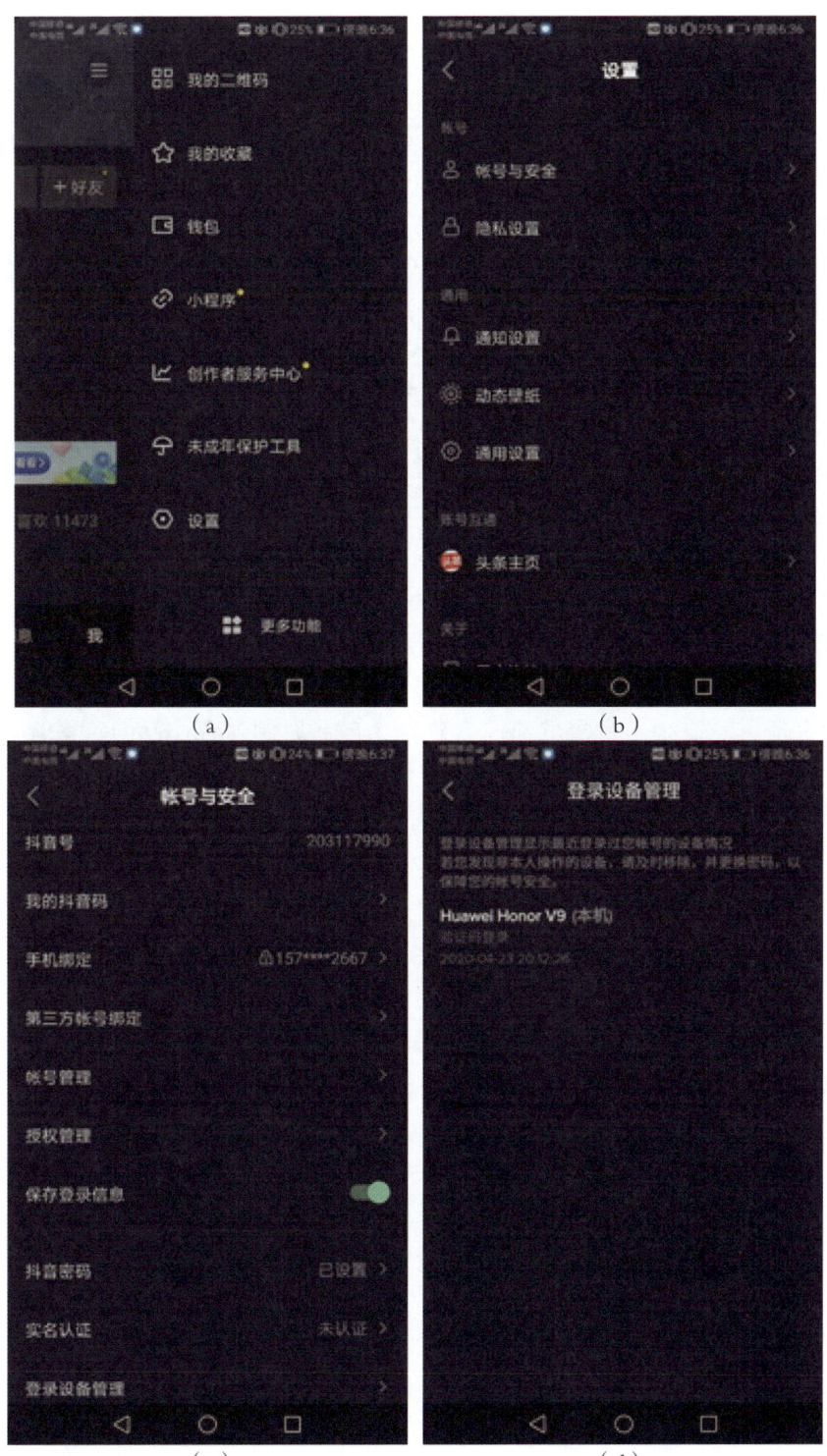

图 9-4

9.2.2 僵尸号

（1）什么是僵尸号？僵尸号就是在短视频平台账号发布内容作品时，粉丝流量持续在 100 以下，那么这个短视频账号基本可以确定就是僵尸号，没有存在的价值，图 9-5 所示即为一僵尸号的界面。

（2）为什么会出现短视频账号的僵尸号？因为僵尸号与僵尸粉存在一定的利益输出关联关系，通常表现在以下几方面。

1）提供刷粉、刷赞、刷评论和转发服务的短视频运营者需要大量的平台账号，他们通过编写脚本登录各种短视频平台僵尸账号，进行上述操作。

2）目标粉丝量的增长会激发短视频运营者的虚荣心。短视频官方平台会对新注册的短视频平台活跃账户进行粉丝量的支持，以刺激账号运营者持续发布内容作品。

（3）如何挽救短视频平台僵尸号？

1）找同短视频平台相同领域的大 V 号，寻找并下载其流量最高的那一条短视频，学习并原创拍摄更优质的原创内容作品，将其在自己的短视频账号进行发布。

2）多用短视频平台爆款热门音乐作为自己原创内容作品的背景音乐，积极参与短视频平台官方热门话题的讨论和挑战。

3）持续输出有价值的短视频原创内容作品，并且有规律地开通直播功能，与粉丝大众在直播间进行互动和交流。

图 9-5

9.3 避免不重视数据分析

分析短视频内容作品数据的目的是为了找出问题，提升短视频内容作品的质量。可以通过以下几种方式来优化我们的短视频内容作品。

（1）通过观察粉丝大众的活跃时间来确定短视频内容作品的发布时间。

（2）根据粉丝大众的偏好，制作原创优质短视频内容作品。

（3）根据粉丝大众的年龄层次，优化相应的短视频内容作品表现形式。

通常我们可以通过一些短视频平台数据分析网站，如 IBM 网站，来分析粉丝大众关注的短视频平台相关信息。图 9-6 所示为 IBM 官网界面。

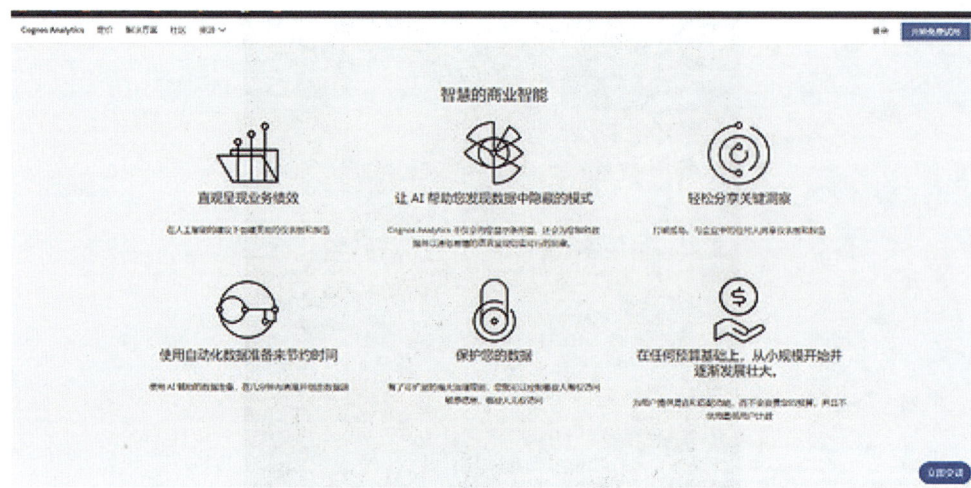

图 9-6

抖音短视频运营者还能通过平台自带的分析软件来分析粉丝大众观看短视频的时间和他们的偏好、习惯等,具体步骤:点击"创作者服务中心"→"视频管理",进入系统后,里面有详细的观看资料,如图 9-7 所示。

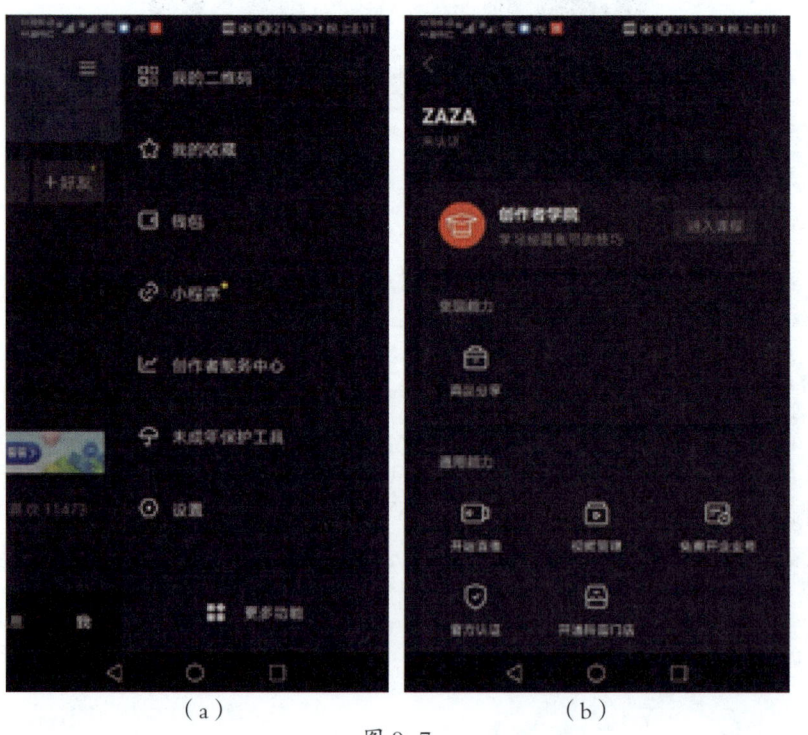

(a)　　　　　　　　(b)

图 9-7

9.4 避免运营渠道单一

9.4.1 渠道运营

常见的短视频分发渠道有很多，如图9-8所示。我们经常能在各种平台上看到各种各样的短视频。下面就来讲解如何根据各大短视频平台的特点和自身需求来选择最合适的短视频平台注册账号。

图9-8

（1）在线短视频渠道，如腾讯视频、爱奇艺和优酷等。这些渠道有着流量大、粉丝多的共性，如果想获得更广泛的品牌影响力，可以选择这些大流量的短视频平台。

（2）粉丝渠道，如抖音、快手等。这些短视频平台的播放量主要依靠粉丝量，所以与粉丝大众的互动和关系的维系极其重要。

（3）资讯渠道，如今日头条、百家号。今日头条有一套独特的短视频平台算法机制：所有上传到今日头条的短视频都要经过"审核→查重→匹配→推荐→过滤"这几个步骤，而且粉丝大众在短视频内容作品上停留时间的长短，将会决定这条短视频内容作品是否会上推荐位，所以一定要多创作优质原创的短视频内容作品，呈现给粉丝大众。

（4）社交渠道，如微博、微信和QQ空间等。这些是我们日常生活中比较常用的社交平台，具有传播性强、传播范围广的特点。这类渠道适合需要广泛传播自身原创短视频内容作品的运营者。

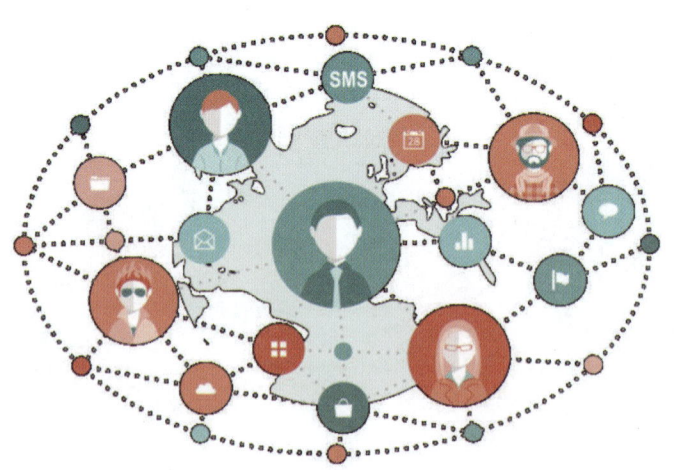

9.4.2 短视频内容运营

短视频内容运营指短视频运营者利用新媒体渠道，用文字、图片或短视频等形式将企业信息友好地呈现在粉丝大众面前，激发其参与、分享、传播的运营过程。一个优质原创的短视频内容作品，需要从构思题材、拍摄环境（这里的环境包括社会环境和自然环境）入手，将渠道运营与粉丝大众紧密地联系在一起，再结合短视频平台大数据分析，才能创作出一条优质的短视频原创内容作品。

如何做好短视频的内容运营呢？对短视频内容作品最核心的要求就是要受粉丝大众的喜爱。如果不清楚粉丝大众喜欢哪种内容作品，短视频运营者可以进行一个测试：在一定范围内投放短视频，通过粉丝大众对原创内容作品的反馈，短视频运营者可以清楚粉丝大众对原创内容作品的喜好程度。

9.4.3 粉丝大众运营

除了做好短视频平台账号渠道和内容作品的运营之外，短视频运营者的另一项重要工作就是抓住粉丝大众的注意力。通过短视频优质原创内容作品吸引粉丝大众，再通过点赞、评论、转发等方法和粉丝大众建立深度联系。

9.4.4 短视频社群运营

短视频社群运营指将短视频内容群体成员以某种方式为纽带建立联系，使社群成员之间有共同的目标期待和持续的相互黏性交往，使短视频群体成员间有共同的群体意识和行为规范。

在移动互联网上，我们可以通过粉丝大众 QQ 群、微信群较为轻松地建立联系，使拥有共同喜好的粉丝大众加入到短视频内容群体中来。短视频运营者可以在社群里分享短视频原创内容作品及主播的一些有趣的精彩瞬间，并且持续与粉丝成员进行互动，这样才能有利于短视频账号的长期发展。

9.5 避免冷落热点话题

很多人都有这样的苦恼：发布的短视频内容作品没有流量，发布的原创作品吸引不到粉丝大众的眼球。那么你可以尝试一下关注短视频当下的热点话题。关注热点话题能让短视频原创内容作品在短时间内吸引粉丝大众的大量关注，从而快速地涨粉。

寻找短视频热点事件的方法也很简单，以短视频平台——抖音为例，点击

抖音 APP 界面右上角的"放大镜"→"热点榜"→"查看完整热点榜",界面将显示最近的短视频热点话题事件,如图 9-9 和图 9-10 所示,可以利用这些短视频热点事件来创作优质的原创的短视频内容作品。也可以通过关注每天热门短视频内容作品,在该短视频评论区寻找相关热点话题。

图 9-9

图 9-10

9.6 避免不重视粉丝大众的反馈意见

通常可通过短视频主页点赞、评论、弹幕留言或者问卷调查等方式获得短视频粉丝大众的反馈意见。粉丝大众反馈意见一般都是短视频运营者需要改进的地方,只有抓住粉丝大众的喜好,才能使短视频平台账号粉丝越来越多,可见互动回应短视频粉丝大众的反馈是多么的重要。

为什么要这么重视短视频粉丝大众的反馈意见呢?这可以从短视频平台供需关系来分析,基于马斯洛需求层次理论,粉丝大众在观看短视频内容作品的过程中可以满足多层需求,从满足粉丝大众的生理需求和社交需求,到满足粉丝大众的审美需求和休闲娱乐需求。同时,短视频内容作品还具有满足粉丝大众自我表达需求的作用。短视频平台账号不断地输出优质原创内容作品将刺激着粉丝大众的大脑,进而改变其工作、学习、生活、娱乐方式,通过观看短视频内容作品获得生理和精神方面的愉悦。而短视频运营者通过分享生活或展现技能来表达自我，在获得粉丝大众关注、转发、点赞、评论的同时，也满足自身精神层面和物质层面的需求。

9.7 避免出现低质量的泛粉

我们看抖音短视频的时候，有时会发现很多的视频内容几乎相同，但是却依然能吸引几万、几十万的粉丝，到底是怎么做到的？他们发的短视频，有时即使是几张图片、几个表情、几个片段也可以吸引众多的粉丝。其实这些短视频粉丝通常就叫作泛粉，这类短视频粉丝没有太大的精确性，浮游于各大短视频平台，没有个性化标签和垂直内容赋能，可利用价值相对不高。

随着短视频平台内容市场的规模越做越大，短视频运营者、各种自媒体创业者也逐渐火了起来，同时越来越多的短视频运营者通过优质原创短视频内容作品实现直播带货与变现。衷心祝愿短视频行业的明天越来越好。